基金项目:牡丹江师范学院教育教改项目,编号:16 - JG18082;2016 年度黑龙江省哲学社会科学研究规划项目,编号:16YYD08;牡丹江市社会科学课题项目,编号:151002;牡丹江师范学院横向课题:外语实用翻译应用与研究。

语用与认知语用学研究

温晓亮　江晶瑶　柴冒臣　著

吉林大学出版社

图书在版编目(CIP)数据

语用与认知语用学研究 / 温晓亮，江晶瑶，柴冒臣
著. — 长春：吉林大学出版社，2017.6
ISBN 978 – 7 – 5692 – 0092 – 8

Ⅰ. ①语… Ⅱ. ①温… ②江… Ⅲ. ①语用学 – 研究
Ⅳ. ①H030

中国版本图书馆 CIP 数据核字(2017)第 158157 号

书　　名　语用与认知语用学研究
　　　　　YUYONG YU RENZHI YUYONG XUE YANJIU

作　　者　温晓亮　江晶瑶　柴冒臣　著
策划编辑　朱　进
责任编辑　朱　进
责任校对　朱　进　郝　岩
装帧设计　美印图文
出版发行　吉林大学出版社
社　　址　长春市朝阳区明德路 501 号
邮政编码　130021
发行电话　0431 – 89580028/29/21
网　　址　http://www.jlup.com.cn
电子邮箱　jdcbs@jlu.edu.cn
印　　刷　北京市金星印务有限公司
开　　本　787 × 1092　1/16
印　　张　11.25
字　　数　204 千字
版　　次　2017 年 9 月第 1 版
印　　次　2017 年 9 月第 1 次
书　　号　ISBN 978 – 7 – 5692 – 0092 – 8
定　　价　40.00 元

前　言

　　认知和语言都是基于对现实的体验之上的,认知先于语言、决定语言,是语言的基础;语言又可反作用于认知,可促进认知的发展和完善。语言与认知相互作用、相互影响、紧密联系。认知是人类的基本机能之一,认知的核心问题是思维,认知的表达形式是概念,认知的中心过程是推理;而语言是承载思维、表达概念、运行推理的重要工具。因此,认知和语言的关系是一个非常重要且有意义的研究课题。

　　认知是人脑的一种特殊机能,是运用概念、判断和推理等形式反映客观事物的过程。认知源于现实,始于经验,基于感知。人类是在不断认识世界、改造世界中进步的,人类经历的几个社会形态,都是以人的认识发展及由此产生的生产力发展为标志的。人类认识世界是永无止境的,认识的终止就意味着人类社会的结束。在人类认识发展的长河中,认识总是在不断完善,朝着不断正确的方向进展,逐步走向绝对真理。认识永无休止,认知不断地追求更加完整正确地理解现实世界。

　　语言是一种认知现象,是认知过程所产生的结果。语言是对客观世界认知的结果和产物,人们语言运用和理解的过程也是认知处理的过程。现代语言科学亦已表明在所有人类语言的背后都存在普遍的认知能力。语言不可能与其他诸如解释和推理等认知功能隔离开来,人对世界的认知以语言为中介又通过语言体现出来。语言和认知的关系是辩证统一的,认知是语言的基础,语言的发展推动着认知的发展,认知的发展也推动着语言的发展。

　　认知语言学家最重要的一个观点是:对现实的体验是认知的基础,认知又是语言的基础。这样就形成了"现实—认知—语言"三者依次决定的序列关系:语言是思维的窗口,认知是现实与语言的中介,现实通过认知这个中介对语言发生作用,语言是认知发展到一定阶段的产物,语言对认知和现实有一定的反作用。

　　语言与认知相互作用,彼此不能脱离而单独存在。认知是借助语言来进行的,语言是认知的物质外壳和体现形式,语言能将认知凝固下来。但语言也不等同于认知,认知是一种心理活动,它决定着语言的表达形式,语言是这种心理活动的终极产品的表达形式。认知语言学一方面认为人类的认知和语言来源于实践,具有互动体验性;另一方面又强调主客观互动,承认认知和语言具有一定的主观性,这就是体验哲学和认知语言学对语言本质的看法。

　　本书分别从六章,多种角度对语用与认知语用进行研究,全书共 20 万字,其中温晓亮老师撰写 6 万字,江晶瑶老师撰写 8 万字,柴冒臣老师撰写 6 万字。感谢为此书奉献过的每一位老师,感谢对我们给予帮助的每一位老师。

目　　录

第一章　语用学的多维研究

第一节　语用学本体论

　　哲学是语言学的摇篮,语用学的形成与语言学哲学家对符号学的研究密切相关。语用学思想可以追溯到古希腊亚里士多德以及我国的推理、"名""实"等对语言与语言使用的思考。亚里士多德在《修辞学》中发展了一种交流的语用模式,而语用学的基本观点始于实用主义哲学的意义理论。在 19 世纪末至 20 世纪初,实用主义的创始人皮尔士研究了观念的意义问题。他认为,语言的意义和性质是由语言使用者的主观需要和感觉经验决定的。20 世纪 30 年代,将实用主义和逻辑实证主义相结合的代表人物莫里斯发展了皮尔士的符号学理论,提出了符号学三分说,并在《符号理论基础》中提出了"语用学"的概念。莫里斯把符号学分成三部分:语形学研究符号之间的关系,语义学研究符号与所指之间的关系,语用学研究符号与使用者之间的关系。从渊源上看,这种三分法可以追溯到中世纪的"三艺":语法学、逻辑学和修辞学。语形学相当于语法学,语义学相当于逻辑学,语用学则相当于修辞学。实际上,在莫里斯提出语用学之后的近 40 年里,语用学研究基本上局限于哲学和逻辑学的范围,直到 20 世纪 70 年代才有较大的进展。语用学作为语言研究的一个相对独立的学科得到了学术界的承认,其标志是 1977 年《语用学杂志》在荷兰创刊,1983 年第一本语用学教科书《语用学》面世以及 1986 年国际语用学会的成立。以上这些语用学研究成果折射出了该学科取得的成就与发展,同时它也出现了不同的分支学科,包括跨文化语用学、社交语用学、语际语用学、发展语用学、计算语用学、话语语用学、认知语用学、意识形态语用学、对比语用学、文学语用学等,不断呈现多维研究与综观发展的态势。

一、语用学定义

　　什么是语用学?洪川在编译这个学科时作了以下回答:"原则上说,语用学并不仅仅对语言或言语感兴趣,而是普遍关注任何种类的交际代码或交际行为,包括手势甚至音乐。简言之,我们认为语用学研究的是交际代码与其运用环境之间的相互影响。在可供研究的交际代码之中,语言理所当然地比其他任何代码在历史上受到的注意更多。语用学对我们来说简直是个没有止境的领域。在这个领域,我们把交际规约和行为看作是人类影响的一部分而对其加以研究。要研究交际的惯例和影响,就不能仅致力于弄懂交际的逻辑问题,还要致力于弄懂其社会和伦理问题。总而言之,我们研究交际代码以及模式影响(或不影响)我们社会心理世界的方式,将为我们提供一些改造这个世界的智能和形式化工具。为此,我们鼓励从事人类发展、教育、国际事务及其他方面的研究人员联合语言学、哲学、人类学、心理学、社会学和计算机科学等领域里的同行,致力于理解人类在历史变革中发展起来的语言和了解其他媒介工具所起的作用。不同的研究领域和交叉学科将为语用学领域开辟新的研究途径。"

语用学作为语言学的一个分支学科,目前对其定义存在多样的解释。英国克里斯特尔在《剑桥语言百科全书》中说:"语用学研究那些在社会交际中支配着我们的语言选择以及这种选择对别人影响的各种因素。……语用学目前不是语言研究的一个连贯领域。"下面介绍何兆熊教授所译介的关于语用学的定义:

语用学是对在一种语言的结构中被语法化或被编码的那些语言和语境之间的关系的研究。

语用学是对所有那些未能纳入语义理论的意义侧面的研究。

语用学是对语言和语境之间对于说明语言理解来说十分根本的那些关系的研究。

语用学是对语言使用者把句子和使这些句子得以合适的语境相匹配的能力的研究。

语用学是对指示(至少是其中的一部分)、含义、前提、言语行为以及话语结构各个侧面的研究。

语用学是对语言行为以及实施这些行为的语境所作的研究。

语用学是一种旨在描述说话人如何使用一种语言的句子达到成功的交际的理论。

语用学是对语言的使用和语言交际进行的研究。

语用学是对话语怎样在情景中获得意义的研究。

列文森认为,较为可取的定义是:语用学是对那些未能纳入语义理论的意义侧面的研究。《朗文语言学与应用语言学词典》中给出的语用学定义为:"语用学研究语言在交际中的运用,特别是指研究句子与它们所使用的语境和情景之间的关系。"《语用学引论》给出语用学的定义为:"语用学研究由社会各种条件所决定的人类交际中的语言使用。"梅伊区分了微观语用学和宏观语用学,把含意理论、语用原则、言语行为理论、会话分析归入微观语用学;把元语用学、语用行为、文学语用学、跨文化语用学、社会语用学归入宏观语用学。托马斯将以往的语用学研究归纳成两类:对说话人意义的研究和对话语意义阐释的研究。他认为,前者代表了语用学研究中的社会方法,其注意力集中在信息的发出者即说话人上,但忽视了话语的理解牵涉到语义的诸多方面;后者则代表了语用学研究中的认知方法,其注意力过多地集中在信息的接收者即听话人上,忽视了话语生成的诸多社会性约束因素。同时,他强调,不论是只重视说话人意义的社会方法,还是只重视话语意义阐释研究的认知方法,都是片面的,不利于全面认识语用意义生成与阐释的动态过程。

在《语用学引论:语言教师与社会行为》中,作者凯斯佐引用了佛拉拉所给的定义:语用学"系统研究话语的语言特性与话语作为社会行为的特性之间的关系"。凯斯佐认为,将语用分析限于语言形式是不够的,语用学的研究应注意其动态性及其所涵盖的社会文化和认知维度。语境与语言之间是一种互动、相互构建的关系,我们应重新审视语用学的含义。该书把语用学定义为"语言使用者在特定时间使用语言进行交往的语言的、社会的、心理的世界,包括语言的和非语言的特征";而语用学的工作定义为"研究说话人与听话人在依据社会文化规范组织的活动背景中通过语言或非语言实施共同行为所构建的说话人/听话人意义。"陈新仁对这部书进行评价时指出,凯斯佐还列出了语用分析的几个区别性特征:①意义是在说话人与听话人的互动交往中产生的;②语境包括语言(上下文)和非语言两方面;③语言使用者所作的选择是关注的重要对象;④在社会行为中使用语言受到的各种制约非常重要;⑤需要分析说话人的选择对其他参与者的影响。

另外,我们看到其他一些学者对语用学的定义。克里斯托认为,语用学就是从语言使用者的角度研究语言,尤其是语言选择、社交互动条件下语言使用的制约因素以及语言交际行为对他人的影响。语用意义产生于所选择的语言形式,比如某一语言形式在特定语境条件下可能传递某种语用用意或礼貌关系等。这说明说话人(包括作者)的语言选择受制于某些制约因素,比如社会规约、人际修辞原则等。类似的制约因素可能是不同语言中存在的普遍语用因素,可能部分相同或完全不同。在语用学研究中,梅伊和克里斯托强调社交行为的互动性,托马斯也认为语用学关注的是社交互动行为中的意义。尤尔对语用学的定义是:"语用学关心的是说话人(或作者)所传递的以及听话人(或读者)所理解的意义"。语言使用即行为,语境条件下的行为能力即语用能力。格林认为,语用学是涉及语言学、认知心理学、文化人类学、哲学、社会学和修辞学的一门交叉学科,有些方面属于认知科学范畴。比利时国际语用学会秘书长维绪尔伦在继承和发展语用研究的认知传统的基础上,提出了"把语用学看成是一种从认知的、社会的和文化的整体角度对语言现象的综观"。综观论全面考察语言使用过程的各种因素,特别是认知和社会文化因素,强调语言使用过程中的顺应论。维绪尔伦把语用学分为宏观的和微观的,并认为这两者之间存在相互依存的关系,微观语用学的研究离不开宏观的社会环境,而宏观语用学的研究也须通过对微观语言现象的分析来进行。"宏观语用学"的研究给我们展现了语用研究的广阔前景,但与"微观语用学"相比还缺乏理论体系和分析框架。维绪尔伦承认要解决下面的问题:

(1)其定义与别人的定义有何联系及不同。

(2)语言交际的动态性是如何显示出来的。

(3)语言交际的实际情况用什么方法来描述。

(4)宏观语用学是关于语言的共时和历时语用过程的研究,微观语用学是关于个人的语用学习过程和语用发展过程,二者之间的关系如何。

(5)社会和认知两方面的关系如何说明。

在我国,胡壮麟认为:语用学,即语言实用学。何自然认为:语用学研究特定情景中的特定话语,特别是不同交际环境中如何理解和运用语言。何兆熊则指出:语用学的两个基本概念是意义和语境,即语言在一定的语境中使用时所体现出来的具体的意义。就语用学的研究对象而言,大致有三大趋势:一是研究说话人意义,强调话语生成者;二是研究话语理解,强调信息接收者;三是同时研究说话人与受话人以及相关的认知问题。钱冠连提出了语用学的窄式和宽式定义,认为窄式语用学是一种语言功能理论,研究语言使用者是如何在附着于人的符号、语境和智力的参与和干涉下对多于话面(字面)的含义做出解释;宽式语用学仍是一种语言功能理论,但它研究语言使用者是如何在附着符号、语境和智力的参与和干涉下理解并运用话语的。前者可简称为"语用学三带一理论"。"三"是指三个语言符号外因素——附着于人的符号、语境和智力——对语用含义推理的干涉,"一"是指多于话面(字面)的隐含意义。索振羽(2000)在《语用学教程》提出"语用学研究在不同语境中话语意义的恰当表达和准确地理解,寻找并确立使话语意义得以恰当地表达和准确地理解的基本原则和准则"。

现代语用学多指"语言学的语用学",它是一门与社会、文化、心理等因素息息相关的学科。西方语用学的研究方法种类繁多,微观上涉及语言的各个层面,如英美学派研究的说话人意义和说话人所指、指示语、言语行为、隐含、前提、受话人意义、会话分析等内容;宏观上则明确语用学的研究方向,即欧洲大陆学派主张的凡是与语言的理解和使用有关的都是语用学的研究对象。我们认为,语用学是研究自然语境、社会语境、人文语境的语言使用,以洪堡特的语言观、奥斯汀的言语行为观为哲学基础,以意义研究为核心,关注意义产生的语境与语境因素,寻找合理解释语言使用现象途径的一门普通语言学。当代学科发展趋势表明,学科与学科之间没有清晰的界限。语用学本身有许多的分类学科,如社会语用学、认知语用学、文学语用学、应用语用学等,处在许多学科的交叉处。尽管如此,但这并不会妨碍我们对语用学的研究及其思想史的探索。因为我们完全可以大体划定一个语用学的领域,确定其研究的主要内容,以便在此基础上进行语用学思想的探索。

二、语用学的学科本质

皮尔士提出的符号学包括三个部分:语形学、语义学和语用学。但是第一次明确地对此加以阐述、使之逐渐为人们知晓的是莫里斯,卡纳普也接受了这种观点。莫里斯在早期著作中把语用学定义为研究"符号与符号使用者的关系",语义学研究"符号与符号所指对象的关系",语形学研究"符号之间的形式关系"。后来,他根据行为主义符号理论,调整和修正了这三个术语:"语用学是符号学的一部分,研究符号的来源、用法及其在行为中出现时所产生的作用;语义学研究各种表示方式中符号的意义;符号关系学研究符号的各种组合,不考虑符号的具体意义,也不考虑符号与包含这些符号的行为之间的关系。"卡纳普对符号学三个部分的划分颇接近于莫里斯早期的看法,只是他的划分仅限于自然语言和逻辑演绎。卡纳普认为,语义学和语用学是分析词语意义的两种根本不同的形式,语用学以经验为依据,研究历史上形成的自然语言,而纯粹语义学研究构造起来的语言系统。他认为可以把描写语义学(即研究历史上形成的自然语言中词语的定义)看作是语用学的一个部分。

莫里斯曾经指出,尽管卡纳普把语用学看作是一门经验学科,不想承认纯粹语用学有可能与纯粹语义学和纯粹句法学并列,但是在论述符号和使用者的关系时,没有理由不同时引进"纯粹"和"描写"两个术语。这样,"逻辑"这一术语的含义就可以扩大到囊括整个纯粹符号学领域。莫里斯、卡纳普和希勒尔都认为,不管怎样划分纯粹语义学和纯粹语用学,分析自然语言的意义必然涉及语用学研究的各种问题。当然,用这些术语对整个符号学领域及其分支所划定的界限和描写是不够的,应该更精确地重新进行划分和描写。乔姆斯基认为,一个普通语言学理论必须包括语用学,不仅要把它作为这个完整理论的一个组成部分或层面,而且还应是一个中心的和关键的组成部分。

语用学实际上是研究意义的学问。在语言学分相中研究意义理论的只有一门语义学,它对语言的意义作静态的描写。语用学已经成为研究语言意义理论的学问,对语言的意义作动态的描写。换言之,语言意义的理论实际上包括了语义学和语用学这两门各自独立的学科。至于两者之间的区别,一般认为,前者研究语言的静态义,后者研究语言的动态义。具体说来,前者研究语言的真值条件,研究语言的规约意义;后者则研究语言使用中说话人结合语境和意图所表达的意义。利奇在1983年说,语义学揭示的是一种二元关系,而语用学揭示的是一种三元关系,他采纳了语义学与语用学互补的观点。语用学可以分为分相研究和综观研究,这涉及学科的界定问题。著名的逻辑学家理查德·蒙太格(Mortage 1972)提出,语用学研究方法应当仿效语义学研究运用的模型理论概念。他认为语用学不同于语义学的地方在于:语用学不仅着眼于语义解释,而且考虑到使用语境。易仲良在"语用学的方法论和解释力"中认为,语用学是阐释交际双方发话、受话过程的不可或缺的语言学科,能解释语义学、句法学难以解释的某些语言现象,能使一些描述性语法规则获得理据性。

三、语用学发展的动力

从历史上看,学科发展的背后隐含着深厚的哲学渊源。史密斯和莱因诺宁指出,语用学源于人们对以下几方面的探索:对符号与意义的符号学研究、20 世纪的语言哲学研究以及对语言形式的功能语言学研究。语用学的早期发展可以追溯到维特根斯坦的晚期思想以及奥斯汀的"论言有所为"的系列讲座。20 世纪西方哲学的一个显著特点就是对语言的重视,对语言研究的重视导致了哲学中的又一次转向,即"语言转向",转向之后的哲学通常称为语言哲学。当代美国哲学家塞尔曾把"语言转向"以来的语言哲学发展归结为三条并列的线索:一是从早期维特根斯坦出发,经维也纳学派的逻辑实证主义,再到奎因和戴维森的发展线索。这条线索所关注的问题是意义和真理的关系,探索表达的真理性条件。第二条是从后期维特根斯坦出发,到奥斯汀和塞尔,甚至包括格雷塞和斯特劳森的发展线索。这一发展线索把语言看成是人类行为的一部分,更多关注语言的使用问题,或者说是语言和语言的使用者的关系问题。第三条线索是乔姆斯基的现代语言学。但在塞尔看来,乔姆斯基的句法理论缺乏语言哲学性质,倾向于语言科学特征。"语言转向"是西方哲学史上发生的根本性变革。在这场变革中,一些哲学家把语言或逻辑放到了哲学的核心地位,探索表达知识的语句的意义。这场变革不仅对哲学本身,而且对西方思想文化的几乎所有领域都产生了深远的影响,对语用学思想的诞生和发展同样产生了深远的影响。

我们知道,哲学是一般文化的核心和最高表现所在,是关于科学以及一般文化的各种原理的理论。夏皮尔在《日常语言》与伯格曼在《语言哲学》中认为,语言哲学是 20 世纪哲学的一个重要突出特征。哲学进入语言领域,把语言作为哲学研究的对象或试图通过语言分析来解决哲学的重要问题,这就使得哲学的内容和形式发生了新的变化。欧洲大陆哲学与英美分析哲学都为语用学的发展提供了哲学基础,但他们有各自研究的重点:欧洲大陆哲学关注和思考的始终是诸如"本体论"和"终极的存在"等问题;英美分析哲学主要关注如何精确分析、确证许多诸如句式之类的具体事物。欧洲大陆哲学是以一种"综合模式"探讨有关问题。他们的研究成果为现代语言学的发展,特别是语义学和语用学的发展,奠定了基础;他们的许多观点被当作语言学理论,如维特根斯坦的含义和指称理论、奥斯汀的言语行为理论、格赖斯的合作原则等。

维特根斯坦早期曾属于人工语言学派,后来转向研究日常语言。他先后创立了两种不同的意义理论,都对当代语言哲学与语用学的发展产生了很大的影响。他在其后期著作《哲学研究》中提出了"语言游戏说"和"用法论",强调语言的应用功能,即用来"做事"的功能,主张"意义就是用法",其目的就是想以用法取代意义,从而形成一种有关"生活方式"的哲学的语用学。他在后期认为:语言是人们用来在相互间传递信息的手段,它不仅是一种活动,而且是人的全部活动的一个主要组成部分;人们使用语言进行形形色色的活动,如命名、描述、提问、命令等等,就像人们可以用棋子玩各种各样的游戏一样;他提出了"语言游戏说",强调词和语句的意义就在于它的用法。维特根斯坦将语言看作是活动,不认为语言仅仅是用于命名或描述世界;他强调语言活动的重要性,强调要在语言使用的过程中研究语言,主张做动态的研究而不是静态的研究;他强调研究语言的使用规则。这些理论打破了以往语言研究中的抽象神秘感,使许多哲学家包括逻辑学家纷纷把自己的研究视野转向自然语言,通过对言语意义的分析与言语使用规则的探讨来深入研究思维和人类行为的本质。

哲学家的研究成果直接为语用学所吸收,成为语用学的理论基石。另一日常语言学派中的重要人物是英国的斯特沃森,他反对罗素关于指称的理论,认为不是词语在指称,而是词语使用者在使用词语指称。这就将语言的使用者纳入了研究视野,为语用学对说话人意图的研究铺垫了理论基础。他还强调了语境的重要性。行为语言学派受到维特根斯坦"意义就是用法"的思想影响,力图首先创立语言活动的实证理论,用人的动作、行为对语言的使用来说明意义。不过其主要创始人赖尔更多的是从心理角度来探讨意义问题的。继赖尔之后,奥斯汀创造了实际意义上的言语行为理论。奥斯汀反对人工语言学家关于语言的功能是陈述事实或描述世界、语句的意义是由世界中的真假条件所决定的观点,提出了著名的言语行为理论。该理论认为,任何言语都是在实施行为。至于话语具体实施什么样的行为,如承诺、威胁、命令等,在一定程度上要依赖语境而确定。而且,同一话语在不同的语境中可以实施不同的行为。可以说,奥斯汀感兴趣的不是哲学,而是作为语言科学的语用学,强调借助于语言表达可以完成各种各样的行为。奥斯汀的学生塞尔继承并发扬了老师的观点,他同奥斯汀一样强调言语行为与意义之间的紧密联系,认为对两者的研究从原则上来说是无法区分的。他还提出了间接行为理论,即说话人通过实施某种言语行为可以间接地实施另一种言语行为。他认为,在实施间接言语行为时,说话人依赖交际双方所共有的包括语言和非语言的背景知识以及听话人的逻辑推理能力向听话人传达言外之意。

20世纪60年代以来的西方哲学或多或少都带上了行为论、整体论的色彩。无论是英美分析哲学还是欧洲大陆哲学,哈贝马斯、阿佩尔、罗蒂、利奥塔、利奇、科恩、拉可夫等都受到了这些思潮的影响。从宽泛的意义上讲,这些哲学家都是基于维特根斯坦的"语言游戏说"的平台来讨论问题的,这些说法与言语行为理论的语用学观念有着渊源关系,其中哈贝马斯的"普遍语用学"是典型的一种。奥斯汀也和其他学者一样,本意并不是要为语用学提供理论基础,只是他们的研究客观上推动了语用学作为一门学科的建立。语言转向的产生、语言转向的成因和哲学语言学对语用学做出了贡献,从中可以发现哲学语言学中孕育着语用学思想,为语用学思想史及语用学的研究开辟了一条新的途径。

在语用学理论形成与发展的过程中,语言哲学中的理性思想同样干涉着语用学的发展。从预设、前提到会话含意理论、礼貌原则、关联论、顺应论等语用学思想的形成,无不体现理性的思想。理性成为人们言语行为交往的基础,被认为是语用学发展的核心思想。

我们认为,语用学思想沿着语言分析的传统,引入了新的语言分析,特别是语用分析的方法,开拓了哲学研究与语言学研究的新手段。"语用学转向"重新定位语言的语形学、语义学和语用学思想的三元关系。语用学思想引入了行为观和整体论观念,更重要的在于它引入了符号的使用者这个因素,认为只有把语言问题放到"言""行""思""在"的相互关系和交往主体间的过程中才能把握,并将语形、语义和语用的因素内在地结合起来,突出主体意向性的地位,建构以言语行为理论为基础的普遍语用学交往观,把本体置于整个社会交往的语用语境,构成交往实践的具体形式,展示其语用价值意向的心理认知模式与整体论的方法论。语用整体论强调语言、思维和实在的关系,把语言的形式和结构及其内在意义看作是整体思想中的结合物,本质上以言语行为理论为哲学基础。因此,只有在动态的理性交往中才能展示真理的存在,通过语形、语义和语用分析方法在交往过程中获得统一,使得本体论与认识论、现实世界与可能世界、直观经验与模型重建、指称概念与现实意义在语言分析的过程中内在地联成一体,形成把握科学世界观和方法论的新视角。

在哲学和语言学研究的"语用学转向"引导下,语用学塑造了一种动态的、语境化的交流理性标准,把语言的合适性作为判断命题是否具有意义的基准,把理论命题的实在性归诸于历史的、文化的和科学的语用维度中;通过语境的功能来形成和强化科学概念和理论的意义,其最终目的就是要在科学语言的语境化当中,在主体间性的基础上对科学理论进行新的意义重建,体现科学逻辑转向科学语用学的趋势。可以说,语言哲学是20世纪人文主义和科学主义融合的桥梁,而语用学则是人文主义和科学主义融合的当代形式。"语用学转向"为语言学的发展提供了新的基点,建构了新型的语用学研究平台。我们认为,一方面,语用学思想在哲学研究中的出现满足了解决哲学难题的需求,语用分析方法成为了哲学家可以有效使用的语言分析方法之一;另一方面,哲学家对语用分析方法的借鉴也内在地促进了语用学思想的发展与现代语用学的诞生。语用学的形成和发展很大程度上应归功于哲学家对语言的研究和关注。随着哲学语用学和语言语用学研究的不断深入,在元语用学的视角下,语用学理论不断地经历批评、发展与创新,语用学思想逐渐走向综观以及跨学科的研究,其研究领域在不断地扩大,展现出强大的学科发展动力。

四、语用学研究的目标与范围

利奇把语用学研究分为三个方面:普遍语用学、社会语用学和语用语言学。普遍语用学探讨各语言所共有的言语交际的普遍原则和规律;社会语用学研究不同社会文化条件下言语交际的"局部"条件;语用语言学研究不同语言用以表达语言功能的语法结构。有学者认为这种分法是有问题的。语言学家通常把语用学研究领域分为三大类型:形式语用学、描述语用学和应用语用学。李兆平、仲锡分析,形式语用学探讨的对象是语用学的形式、范畴以及研究语用学形式化的最佳方法。在意义与文化、语言逻辑、语言行为与模式等方面探索语言在人类活动中的表现,是形式语用学研究的任务。然而,语用学是语言的实用学,形式理论虽然明确,却无法直接解决语言在具体交际中的理解和运用问题。描写语用学是指对一种语言与情景结合而出现的种种用法加以描写,主要是对一种语言与语境结合而出现的用法加以描写、分析和解释,分析自然语言如何同语境相联系,解释制约词语和结构意义的语境因素。将语用学的原则和方法应用于诸如文学、修辞学、语言教学、人—机对话、人际交往中出现的障碍的研究等以及理解话语有关的领域,便产生了应用语用学。语用学三大类型的研究领域各有其一整套理论原则和研究方法。何自然、冉永平在《语用学概论》(修订版)的前言中指出,无论是哲学语用学、激进与新格赖斯语用学,还是互动或动态语用学、社会语用学、认知语用学、临床语用学等,它们都有一个共同的研究主题,即使用中的意义,要么是使用中意义的生成,要么是使用中意义的理解。具体而言,语用学主要研究言语交际,研究具体语境中的意图表达与对意图的理解。

语用学可分为英美学派和欧洲大陆学派。语用学作为语言学的学科分相研究之一,近十多年来发展很快。语用学在西方哲学和语言学中有一定的历史地位,在语言学众多的学科分相中有许多课题与语用学有关。因此,语用学的研究范围是不容易准确划分的。列文森在《语用学》一书中用了很大的篇幅来给语用学这个术语下定义,他把人们对语用学的不同理解划分为两大流派:欧洲大陆学派和英美学派。英美学派对语用学的范围划分得较为严格,比较接近传统的语言学,认为它与研究句子结构和语法有关。大陆学派对语用学的范围理解较广,它甚至包括话语分析、交际中的人类文化学以及社会语言学、心理语言学方面的部分内容。英美语用学的研究内容以具体的语言实际运用的话题作为研究对象,如英美学者研究指示、会话含意、合作原则、言语行为、会话分析等以及和他们有关系的诸如关联、前提、推理等。这种研究内容和方式出现的主要原因是:①语用学研究重要人物奥斯汀和格赖斯为代表的哲学家,从他们感兴趣的语言现象入手进行语言和哲学的关系研究时进行语用学研究。②虽然他们是哲学家,但在英国他们却被称为"日常语言学派"。根据对日常语言的研究,无论从历时的还是共时的角度上看,他们的研究继承了英美语言学家对语言研究的体系、目的和方法。从历史上看,英美间的联系甚密,学术交流频繁,他们对语言的研究有很多的共性,主要强调以语言研究语言;欧洲语用学的开始和发展则是沿袭了欧洲语言学研究的理论。索绪尔在《普通语言学教程》中提出了语言和言语的概念。

英美语用学研究表现为具体性,而欧洲语用学则重视系统性。从列文森的《语用学》、利奇的《语用学原则》以及众多学者的研究对象和成果与其他资料中,我们可以看出,英美学者大都从具体的语言现象角度对具体语言现象进行研究。例如奥斯汀的言语行为理论,格赖斯的合作原则、指示、预设、会话结构、话语分析、礼貌原则等。而欧洲学派则注重系统研究,把语言的使用研究纳入到一个包罗相关内容的范畴中去进行研究。他们的视角是宏观上的语用研究,从语言运用的整体入手,逐渐进行细致分析研究。宏观语用学主要研究社会的、文化的,与语言实际运用有关系的非语言因素和问题及其在语用上的微观调控措施。在宏观上,他们开展语用学理论、语用行为理论以及语用与文化、社会的联系研究。欧洲学者们进行了有条不紊的语用学研究,系统性十分明显。微观语用学主要研究语言符号在言语使用中的指称和意图理解在运用中的各种现象的研究,注重研究语境意义、语用原则、言语行为等。

语用学研究存在两大倾向:一是以分析哲学为基础,认为语用学研究应该有其严格的议题,比如指示语、言语行为、前提、语用推理与含意等。这是一种狭义的语用观,也是长期以来语用学的主流。二是广义的语用观,最早源于莫里斯的符号学思想,主张语用学探讨与符号功能有关的心理、生物、社会等现象。这表明语用学研究应该是宽泛的。从当代语用学的发展来看,以传统议题为主线的局面已被打破,出现了多议题、多视角、多学科融会的研究格局。《简明语用学百科全书》一书除收录传统议题外,还收录了人工智能、交际顺应性、认知技术、电子邮件交流、人—机互动、超文本、远程信息处理等与计算机相关的内容,包含广播、喜剧、新闻编写、传媒、新闻发言、摇滚乐等与媒体有关的议题,并涉及阶级语言、批判的语言意识、解放语言学,霸权及其语用、意识形态、权力与语言、社会阶层等语言使用与诸多现象的语用问题。《朗文语言学与应用语言学词典》指出,语用学包括以下几方面的研究:对话语的理解和运用与对现实世界的认识关系;说话者如何使用和理解言语行为;句子的结构如何受说话者和听话者之间关系的影响;语用学有时与语义学相对,语义学研究意义时不考虑使用者和句子的交际功能。史密斯和莱因诺宁提出语用学主要研究以下四个方面的内容:意向性;会话原则或含意、前提、交际是如何进行管理的;意义表达的恰当性以及说话人和听话人选择意义、表达意义和理解意义的制约因素。总体而言,其研究更注重语言使用的过程,体现语用学研究的动态性。

可透视语用学研究重心的变化:第一部分为语用学范围,涉及含意、前提、言语行为、指示语、限定性与非限定性用法,这是狭义语用学的基本内容;第二部分是关于语用学与语篇结构问题,涉及焦点、信息结构、话语标记语、语篇连贯、指代、省略的制约与事件参照、非句子的语用、言语行为的语用等研究主题;第三部分是语用学的交叉研究,涉及语用学与语法学、语义学、语言哲学、语言习得、计算语言学等学科之间的交叉关系以及词汇、语调的语用功能与表现;第四部分涉及语用与认知,包括关联理论、明示与隐含信息、语用学与认知语言学、语法构建的语用特征、自然语言理解中的默认推理等。

可见语用学探索的范围十分广泛,类似的研究能更好地体现其实用学特征,反映现实世界,展现人类互动行为的无限视野与潜在探索空间。难怪如何进行语用学研究、语用学应该研究什么、如何定义语用学是什么或不是什么,就连语用学研究者之间也缺乏共识。从古明斯的新著《语用学》中我们更能看到语用学研究的多学科性。语言语用学不仅涉及语言学、认知心理学、文化人类学、哲学,还包括逻辑学、语义学、行为论及社会学、修辞学等。语用学不是一门单向学科,它与多学科之间存在渊源关系、互补关系、借代与渗透关系。新兴的认知学科为语用学研究提供了新的路径;语用学也为近邻学科,如修辞学、词典学、语言习得等探索语言选择与理解提供了新的视角。语用学与诸多学科之间存在相互联系,可为它们提供解释的不同视角和路径;其他学科也为语用学提供研究议题、方法、概念等方面的支持,致使语用学研究范围不断扩充,研究方法日渐多样化。语用学研究已超出列文森等人提出的范围,日益体现语言使用研究的语用综观论。我们认为,无论语用学未来如何发展,其研究范围如何变化,语用学这一学科关注的始终是自然世界、社会世界及人文世界的交往意义,在哲学层、理论层、应用层与技巧层面开展深入的研究,能使人们能理性地实现传递信息,成功完成交际。

第二节　哲学与历史回顾

一、中国语用学哲学思想

哲学是语言学的摇篮,语言学的许多思想都与哲学息息相关。纵观哲学的发展历程,它经历了三次重大的转向:本体论、认识论转向和语言转向。语言转向把对主体研究从心理学领域,如观念、思想转移到了语言领域中的语句和意义,哲学家维特根斯坦、奥斯汀、塞尔和格赖斯等就是运用语言分析来解决哲学问题的。当语言学运用哲学,尤其是以维特根斯坦、奥斯汀、塞尔、格赖斯、皮尔士以及莫里斯的思想来解决语言问题时,就出现了语言学中的"语用转向"。当语用学运用认知科学以及认知心理学的观点来研究语用问题时,就出现了语用学中的"认知转向"。语用转向是由维特根斯坦和奥斯汀发起的,而认知转向在格赖斯的意义和交际理论中已显现。中国哲学没有经历西方的哲学转向中的第一和第二阶段而直接进入了第三阶段的语言学转向。陈宗明编的《中国语用学思想》(1997)找寻了中国语用学思想的发展脉络,建构了中国语用学思想的理论框架,开创了一门新学科——中国语用学思想史。这部书的第一至第七章谈《易经》和诸思想家及其著作的语用学思想,或以人为主,分述其思想,或以专题为主,穿插其人物;第八至第九章论述文论、训诂学的语用学思想,上自《诗经》、《左传》,下至陈望道、钱钟书等先生的著作,上下五千年,旁征博引。我国古代也像西方古代一样,并没有建立系统的语用学,只有一些分散的语用学思想。在当代,我国语用学思想发展迅速,内容较全面。《中国语用学思想》(1997)这部书包括理论语用学研究和应用语用学研究。从史料上看,中国古代语用学思想突出地表现为应用语用学、逻辑学语用学,关于理论语用学方面,只有零星的或个别领域的研究。

语用学思想发展与哲学语言学的发展密切相关。沙利文、钱冠连、陈宗明、俞东明、文旭、徐鹏、马涛、曾文雄、崔凤娟、苗兴伟等学者回顾了语用学的哲学思想。陈宗明等在《中国语用学思想》一书比较详细地回顾了中国古代的语用学思想的形成与发展以及当代的语用学思想。古代中国虽没有完整而系统的具有现代意义的语用学,但在我国两千几百年前的先秦时期,百家争鸣,先哲们纷纷对各种问题发表见解,当然对语言运用问题也发表了许多真知灼见。

中国传统的语言学本质归属给予哲学上的定位。在中国古代语言哲学中,出于语言自身认知活动的需要,其并不缺乏一种业已自觉的语义学的语言学思想。胡适在其《先秦名学史》一书中认为,中国古代的正名学说是一种实证哲学,包含着对一种理想语言的承诺,蕴含着科学主义的语义学成分。与西方传统的语言哲学相比,中国传统语言哲学对语言本质的理解则更多地体现为一种语用学的而非语义论的、较多地关心语用上的可接受性。这与中国古代的实用理性而非认知理性的文化精神互为呼应。中国的语用学思想有如下特点:中国语用学哲学认为语言的意义并非是确定性的而是非确定性的。这一点成为中国语言哲学有别于传统西方语言哲学的显著特征。例如庄子所谓的"齐物主义"的语言理论揭示语义与语境之间的密切关系,极大地张扬了语言指称的相对的、开放的意义。中国传统语用学哲学主张,语言与其说是有严格的语法规则,不如说是没有其严格的语法规则。中国传统的语言学从语言的逻辑规则走向一种"无法之法"的所谓的"诗化规则",在语言表述中很少运用逻辑推理形式,而是更多地借助于一种诗意的和审美的隐喻、象征、寓言等形式,使主体人的主观意向和意境得以在语用上实现。中国语用学哲学强调,语言意义实现的最高宗旨不是主客符合而是主体间的相契交流。能否实现语言表达的意义体现在一种人际关系是否成功的交流之中。"文名从礼"的语言意义的约定俗成与社会契约在先秦荀子的语言学说里被给予了极其有力的揭示。而禅宗作为中国古代语言哲学发展的延续,它折射出了中国哲学辩证理性的精神。

中国古代辩证理性精神经历不同年代哲人对语言哲学共同的、普遍的规律的探索,我们看到了一种从语义学到语用学再到语用学与语义学兼统的这一历史演进历程。语义学的语言哲学与语用学的语言哲学看似相悖实为相通,故不是厚此而薄彼,而是相互融合。在西方的"语言学转向"以及"语用学转向"的思潮影响下,中国现代语用学哲学思想在与西方哲学的相遇中,顺应了西方哲学的"语言转向",在相当程度上追随西方逻辑实证主义和唯逻辑主义,拘于以单一的概念符号和死板的逻辑形式来重建中国现代哲学,其结果只能是把中国传统的哲学化约为无语境、无意象、无情感、无生命力的空架子。

处于中西方哲学互动情境的语用学转向,中国语用学思想的建构应基于"性活世界",从哲学"语用学转向"来重新理解与诠释中国古代哲学与名辩学思想;使中国哲学由盲目崇拜西方逻辑思想的形式抽象走向语言交往中的具体情境;由单向度的语形(或逻辑)分析走向新的语用综合;由事实的世界走向生活(生命)的世界;由客观物境取向转向主客观交融的生命情境。中国哲学中的"言外之意"或"意生境外"就是人的精神生命(人)与自然

(天)相融合一,以达到对生生不息的宇宙本体的审美理解,主客体融为一体。中国语用学思想建构要求我们必须将其置于生命世界的人文情境之中,在合乎中国哲学生成的情境脉络中,体悟身临其境的意义;并通过创造性的运思,来掌握"对象主体"所蕴涵的生活经验和生命真实,指向它的真正本体,使中国哲学能够在现代生活情境中,获得新的理解、体验和诠释。

二、20世纪30年代至80年代的中国语用学研究

20世纪早期至80年代,中国语用学研究主要是语用学理论的引进与创立。从《马氏文通》开始,近一百年来我国的汉语学界就不断借鉴和运用西方语法理论中的某些成分来研究汉语语法,如叶斯伯森的"三品说"、结构主义语法的"分布"方法都曾被系统地用于汉语语法的描写。中国具有现代意义的语用学研究肇端于周礼全的符号学和自然语言逻辑思想。早在20世纪40年代,周礼全翻译和出版了莫里斯的《指号理论基础》和《指号、语言和行为》以及沙夫的《语义学引论》。1961年和1978年周礼全分别发表了"形式逻辑应尝试研究自然语言的具体意义""形式逻辑和自然语言"。20世纪80年代末期,周礼全编著的《逻辑——正确思维和有效交际的理论》讨论了形式语用学、描述语用学以及应用语用学三个部分。国外语用学的兴起和发展也影响到我国对汉语的研究,特别是对汉语语法的研究。

这个时期的语法研究也被汉语语用学界重视。20世纪80年代初,学者们开始讨论句法、语义和语用三个平面的关系。许多学者就此撰文阐述自己的观点,如范开泰、史锡尧、施关淦、范晓、胡裕树、廖秋忠、杨成凯等。但由于其研究视角的独特性,这种结合汉语语法开展的语用研究并非真正意义上的汉语语用学研究。语用学理论在汉语中的应用研究应是运用语用学的理论和方法来分析汉语语言事实,解决汉语实际问题。这方面的研究已经取得了可喜的成果,例如范开泰、施关淦、袁毓林等学者从语用角度对汉语中的省略和隐含现象进行了考察和分析;沈家煊、徐盛桓等对语用否定和含意否定问题做了较为全面的描写和讨论;王建华、程雨民、袁毓林、杨亦鸣等运用语用学理论研究汉语歧义句,部分地解决了汉语歧义问题。社科院语言所的"中国语用学研究"课题组,运用国外语用学的原理和方法研究汉语语法和语用法,部分成果收入《语用研究论集》。

国内的语用形式化研究是从逻辑学和哲学领域开始的,这方面的学者以周礼全、邹崇理、蔡曙山为代表。自20世纪80年代中期起,语言学界也已经认识到了开展形式语用学研究的迫切性。沈家煊指出,语用学的应用在人工智能、计算机语言处理方面将大有作为,必须在语用学的形式化手段上加强研究,创造形式语用学发展的必要条件。"中国语用学研究"课题组也专门介绍和分析了国内形式语用学研究的状况,但它的讨论没有对形式语义学与形式语用学作严格区分,实际上还包括了一部分形式语义学方面的内容。陈治安、文旭根据在第六届全国语用学研讨会上提交的论文,指出形式语用学的研究在我国几乎还是空白,呼吁应加强形式语用学的研究。

这个时期的语用学理论得到一定程度的修正与重建。西方语用学理论是以英语为语料建立起来的,不一定具有普遍性。中国的学者要了解各种理论及其局限,发展自己的理论。如有的学者指出,"合作原则"就不适合汉语。戚雨村、徐盛桓、钱冠连、顾曰国、程雨民等学者在修正和重建理论的研究中做出了重要贡献。根据经历理论的引进与吸收,中国学者编著了一些语用学教材与参考书。这些教材包括何自然的《语用学概论》、何兆熊的《语用学概要》等。另外,徐盛桓教授提出的含意本体论,探索了含意的本原本性问题,旨在从语言同现实之间的关系上洞察含意的本质。1983年列文森的第一部语用学教材《语用学》主要讨论的内容有:指示词语、会话含意、预设、言语行为、会话结构。中国内地的学者一般都是承袭列文森的思想,在他们的著作中保留了这些比较稳定的语用学研究内容,有些还增加了礼貌现象的研究、有关语用学学科地位及与其他学科分界的问题。从整体来看,外语界对国外语用学理论的引介主要关注微观语用学,尤其是言语行为、会话含义和会话分析方面的理论。这段时期取得的研究成果,丰富和发展了语用学理论,并为建立汉语语用学提供了科学的理论基础和必要的理论指导。但是正如沈家煊和钱冠连等学者所指出的那样,国内的语用学理论研究基本上都是在国外语用学理论基础上进行修正和补充,还很少有原创性成果,有待进一步加强研究。

三、20世纪90年代至今的中国语用学研究

这个时期的语用学研究涉及面广,学者们从各个层面探索语用学。这些成果主要体现在对西方各语用学理论进行评价、修正,并开展众多的理论应用层面的研究,或借鉴西方语用学理论建构新的语用原则或模式。在提出新的语用原则方面,不少学者做出了不懈的努力。顾曰国追溯了现代汉语中礼貌概念的历史渊源,总结出了一些制约汉语交际的礼貌原则,如称呼准则、慷慨准则、文雅准则、求同准则和德、言、行准则,并指出了英汉礼貌现象在文化上的差异,还对利奇的礼貌原则中的策略准则和慷慨准则进行了修订。

这个时期,汉语语用学也显现出蓬勃发展的态势,正沿着具有中国文化特色的道路稳步前进。王道英、徐鹏、马涛论述了汉语语用学的历史与我国语用学理论研究的现状。汉语语用学研究中第一本汉语语用学专著是王建华的《语用学与语文教学》。该书立足汉语及其运用实际,同时以认知心理学、神经语言学、理论语言学等相关人文学科为理论背景,消化、吸收国外语用学理论,整理爬梳,构建了汉语化、民族化的语用学研究体系。它的语料少部分采自汉语口语,大部分出自中学语文教材,这些都是典型的汉语话语材料,具有汉语化、民族化特色。1994 年中国社会科学院语言研究所出版了国内第一部语用学论文集《语用研究论集》。钱冠连 1997 年出版的《汉语文化语用学》是我国第一部以汉语为语料、以汉语文化为背景的语用学专著。国外的语用学著作是无可比拟的。

在这个时期,语用学研究呈现多学科的跨越式发展,国内的学术研讨会以及国际的学术交流日益增多,对中国语用学研究发展产生重要影响。回顾语用学的发展历程,不少学者提出了自己的新见解。沈家煊根据国内外语用学研究状况,提出了我国语用学研究的发展任务,认为要继续引进国外的理论和方法,开展脚踏实地的研究;把外语研究和汉语研究结合起来,强调语用学宏观研究与微观研究的结合,并加强语用学形式化手段的研究。钱冠连曾在"语用学:中国的位置在哪里"中分析,我国语用学者没有产生出重大的理论创造,在学术原创性、学术视野和研究方法、选题、语料运用、撰写语用学发展史这五个方面尚未进入国际主流。从整体上看,国内的语用研究领域偏窄,集中在言语行为、会话含义等微观问题,对宏观语用学关注不够,对语用研究的认识论和方法论问题研究不多。归纳起来,我们认为,中国语用学的发展与研究应从哲学层与理论层出发,把中国语用学研究与发展立足于汉语事实,加强语用学理论原创性研究及其应用的研究。我们可以把汉语作为研究对象,理论与实践相结合,汉语界和外语界学人携手合作,发展具有中国特色的汉语语用学。同时,我们应注重宏观研究与微观研究相结合,开展共时与历时的研究,而更加深入宏观研究,把言语活动放在人类文化、社会活动的大背景下加以考察。开展不同文化的语用对比研究更重要的是,我们不必拘泥于国外的某些观点,应取各家的语用学理论之长,加大本土化的改造,完善已有的理论,结合汉语的特征,不断创新,创立符合汉语实际的汉语语用学理论。

我国的语用学研究经历了从静态研究到动态研究,从理论研究到实证研究再到应用研究,向多角度、多维度研究的发展过程。在多变的动态发展过程中,我们应重点关注和把握当今科学研究中多学科交叉发展的态势。语用学研究涉及的知识覆盖语言学、哲学、逻辑学、数学、文学、计算机科学、心理学、认知神经科学等各大学科分支,出现了篇章语用学、形式语用学、计算机语用学、文化语用学、认知语用学、文学语用学等交叉领域的研究。这向语用学家提出了挑战,要求他们不仅要具备良好的语言学专业素养,同时还必须掌握广博的多学科领域的相关知识,作文理兼通、学贯中西的人才。

四、西方语用学哲学思想

语用学作为一门独立的学科得到迅速发展,究其原因,主要是:一方面因为这门学科是在厚实的哲学土壤中孕育而成的;另一方面语言学为其发展提供了良好的外部环境。在研究语用学产生与发展的根源时,以往的研究或强调哲学根源而忽视语言学因素,或只提英美分析哲学而忽视美国的实用主义哲学,因此有必要全面看待语用学产生与发展的原因。欧洲的原始语用学有悠久的历史,可以溯源到亚里士多德时代。亚里士多德的著述中体现了丰富的语用学思想。在《辨谬篇》中,他认为"推理是以某种陈述为基础的,通过已做出的陈述,必然得出在这些陈述之外,作为这些陈述的结果的关于事物的判断"。其中的辩论方法是公认的论辩指南,《辨谬篇》被看作是语用学史第一部谬误学专著。他的《修辞学》主要讨论演讲术,对于演讲的形式、听众的心理以及修辞式推理等方面都作了比较系统的论述。古罗马的学者们继承了古希腊的传统,进一步发展了语用学思想。大演说家西塞罗认为,演说是口语表达的最高形式,必须熟悉所讲的材料,了解听众的心理,才能教育人、愉悦人、感动人。不过,欧洲原始语用学的思想最突出地体现在洛克、康德、洪堡特、维特根斯坦等哲学家的思想中。我们把亚里士多德到莫里斯期间的欧洲与英美语用学思想看作是西方经典语用学哲学思想。

英国哲学传统中的语用学思想始于洛克(1632—1704)的符号行为哲学。洛克是继笛卡尔开创认识论的哲学研究传统之后,最早对认识论做出贡献的哲学家。他在营造自己的经验主义认识论体系时,对语言的功用、缺陷、人们的滥用,对语词意义的来源等方面进行了详尽的探索。洛克认为,语言的最根本作用是用作人类社会联系的工具;强调语词的功用在于表达观念,传递思想。语词的功能发挥是通过有关实物的那些名称来表示同类事物的共同本质,以传递我们的意念这一言语的真正目的。不过,要达到传递思想,语词还必须发挥另一个功能,即在说话人与听话人之间架设起理解的桥梁。要架设起理解的桥梁,语词必须具有传达观念和刺激观念这两方面的作用。传达观念是说话人说出自己心中的想法,刺激观念则是在听话人心中引发语言所表示的有关事物的联想。洛克注意到语词具有这种言语交际中的双重作用。洛克还从语词的正确使用入手,分析了语词自身的缺陷。

沿着洛克的思路,经验论哲学家霍布斯、贝克莱和休谟与常识论哲学家里德将对语言使用的认识与社会理论结合起来,从社会行为的角度揭示语言的本质,形成了语言和社会的语用学哲学。经验论之后,英国语用学进入语境中的分析哲学。这一传统哲学包括剑桥学派的形式语义学和语用学,其创立者有弗雷格、罗素和穆尔。认识论经过了英国哲学家罗素的继承和发展。罗素于1905年发表的"论指称"一文成为分析哲学正式形成的标志。他强调要把逻辑分析看作哲学固有的方法;主张创造理想的人工语言,用来保证命题的句法形式一定与它的逻辑形式相一致;提出了摹状词的指称理论、指称的意义理论。罗素的逻辑分析方法影响了20世纪初的语言学,为后来的奥斯汀研究言语行为,突出说话人的意图,表达说话人的目的思想奠定了理论基础。

从英国的语用学哲学思想的渊源与发展来看,英国语用学思想更多地研究如何制定话语规则或者会话基本准则,解决当前情景中的交流问题时,寻求的不是交流的、理性的、普遍的和先在的原则,强调更多的是讲话者的意向性、语言规约性、具体的言语行为问题以及言语行为过程中的认知以及如何在认知的过程中获得最佳的语境效果。

语用学的另一条哲学根基是美国的实用主义哲学。美国哲学传统中的语用思想滥觞于皮尔士开创的实用主义哲学和普遍符号学。皮尔士、詹姆士、杜威、莫里斯等哲人的思想中都孕育着语用学思想,这为当代语用学的诞生奠定了基础。美国的实用主义哲学受当时盛行的刺激—反应论的影响,从行为主义的角度考察意义问题,成为语用学的催生素。美国著名的哲学家、逻辑学家和符号学家、实用主义的创始人皮尔士主张把意义与人的行为联系起来考察,认为一个概念的全部意义就是这个概念对人的行为所产生的实际效果的总和。皮尔士认为实用主义是主张意义理论能够解决或消除传统哲学问题的最早的哲学。皮尔士认为,实用主义不是形而上学,而是一种方法以实施以下功能:清除所有本质上不清楚的、无意义的观念;弄清那些本质上清楚但表面上不很清楚的观念的意义,使之成为明晰的观念。要弄清楚观念或概念的意义,就要诉诸实际的效果。皮尔士视实用主义为研究符号和意义的符号学中的一部分,区分了纯粹感觉、无生命事实和符号表征三种类型的现象和现实,把语法、逻辑和修辞三学科重新解释为符号学的三个分支,使语用思想在美国有了体系性和建设性的发展。

语用学在美国、英国、德国、法国、俄罗斯的各自哲学传统中形成与发展,并相互促进。现代语用学的发展正是由这些国家的语用学思想构成的混合体,即源于英国的言语行为理论、法国的对话理论、德国的普遍语用学和美国的符号学。或者说,伴随着语用学诞生和发展的哲学思想主要是以洛克、皮尔斯和莫里斯为代表的符号行为哲学,维特根斯坦、奥斯汀、塞尔和格赖斯所引领的日常语言哲学以及德国哲学家哈贝马斯、阿佩尔的语用学思想。随着语用学的兴起,语言和符号的研究开始摆脱了先前纯逻辑的束缚,语用推理、语用语境、语用过程、语用规则和语用逻辑的研究一度成为哲学家、语言学家、逻辑学家和符号学家们所关注的中心。

五、20 世纪 30 年代至 80 年代的西方语用学研究

20 世纪 30 至 60 年代可以看作是语用学发展的形成期。从上述讨论中我们知道,语用学渊源于哲学家对于语言的探索。20 世纪 30 年代,在西方逻辑实证论的哲学流派中形成了一股语言哲学思潮,哲学家把研究重心转移到人类所使用的符号媒介上,开始了富有哲学意义的语言研究。这些哲学家的观点后来发展成为符号学。符号学理论首先是由美国哲学家皮尔士提出来的,后来另一位美国哲学家查尔斯·莫里斯对皮尔士的符号学理论作了解释。在《符号学理论基础》一书中,莫里斯提出了符号学三分说:句法学、语义学和语用学。从此,"语用学"这一术语一直为哲学家、语言学家所采用。但莫里斯把修正后的语用学定义为"符号学的一部分,它在伴随符号出现的行为活动中考察符号的起源、用法和功能"。他的观点得到同时期的另一位逻辑实证论哲学家鲁道夫·卡纳普的支持和修正。卡纳普缩小了语用学的研究范围,进一步明确了语用学的研究对象,即研究使用者和词语的关系。此外,莫里斯还区分了纯语义学、描写语义学与语用学的关系,认为纯语义学和语用学是分析词语意义的两种完全不同的形式,而描写语义学可看作是语用学的一部分。

进入 20 世纪 70 年代后,语用学研究成为语言学的一门独立学科。1977年,《语用学杂志》在荷兰正式出版发行,标志着语用学作为一门新兴学科已得到承认,确立了它在语言学中的研究地位。语用学的确立首先得益于哲学家对语言本质的探索。其次,对生成语法理论的看法分歧为语用学跻身于语言学领域客观上创造了条件。语用学在解释语言使用中的语义与语境关系方面表现出来的解释力,引起了众多语言学者的兴趣。再者,便是功能主义语言理论的发展和应用语言学的发展。这一时期语用学已形成了自己完整的理论雏形,确定了基本的研究对象、研究范围和研究方法。对于语用学研究范围的界定,列文森归纳了五个方面:指示语、会话含意、前提、言语行为和会话结构。列文森提出的五方面研究被看作是典型的、相对稳定的语用学内容。

20 世纪 80 年代以来,语用学得到了较大发展,成为当代语言学研究的主流,不过语用学在发展的过程中出现了学科界面问题的讨论。学科之间界限最模糊的是语义学和语用学的关系,这两者关系的讨论注意力比较集中,争议也较大,归纳起来有三种观点:一种认为语义学从属于语用学,一种认为语用学从属于语义学,一种认为语义学和语用学是既相互独立又相互补充的两个领域。尽管观点不一,界限难分,但普遍认为语义学是研究形式和意义相匹配的语言现象,语用学则是研究形式和意义不相匹配的语言现象。在句法学和语用学的关系上,研究主要包括语言结构与语境的相互作用、说话人的交际意图与语言结构的关系、语句与言外之力的关系以及言外之力的表达方式,等等。

从语言的跨面研究上看,心理学家、社会学家、人类文化学家对语用学产生了浓厚的兴趣。语用学的相关学科至少要包括心理语言学、社会语言学、人类文化学等边缘学科。语用学必然涉及语言多维,关注语言使用的社会、认知、文化等层面。学者们开始研究语用学同语言的跨学科研究之间的关系,发现语言使用受哪些心理、社会、文化等因素的影响,推动语用学同分相研究之间关系的研究,反之亦然。心理语言学,特别是认知心理学,对会话含意、前提和言外之力这些概念有极大兴趣,它考察儿童在认知发展过程中对语用结构的习得。这时期,语用学同其他边缘学科之间关系的研究、注意力将转移到语言使用的社会和认知方面以及它们之间的关系。这实际上是研究如何从功能和心理等方面来解释语言使用,为语言的综合研究提供理论依据。

在语用学研究的进程中,研究视角已从静态研究转向了动态研究。语用学研究的是交际中的语言。语言交际本身是一个动态的过程,因此,语用学研究理应是一种动态的研究。这个阶段的研究开始关注语用学研究的动态性,注重语境与认知的相关动态因素以及意义在这些因素干涉下的动态性。语境研究不仅关注交际的时间、地点、场合、交际者以及他们的相互关系等对语言形式的选择、话语构成方式的制约因素,而且还注意研究交际参与者如何操纵、调动某些语境因素以达到自己的交际目的。随着"关联论"的提出,语用学研究转向对认知的诉求,旨在解释心理认知因素在话语理解中的作用,并开始注意言语行为的整个活动,不断扩大研究范围,逐步注意宏观视野的研究。

六、20 世纪 90 年代至今的西方语用学研究

20 世纪 90 年代,人们开始注重采用综合的观点来进行语言研究。梅伊在《语用学引论》一书中重视会话研究,区分微观语用学与宏观语用学。英美学派认为语用学是研究语言在应用过程中表现出来的意义的一门科学,是语言学的一个分支。它与音位学、音系学、句法学、语义学处于平行的地位,有自己的基本分析单元,如指示语、前提、会话含意、言语行为、会话结构等。语用学的任务就是对这些话语成分做动态的研究。英美学派对语用学范围划分得较为严格,比较接近传统的语言学内容,多与研究句子结构和语法有关,故称作微观语用学,又称语用学分相论。欧洲大陆学派反对"基本分析单元说"。他们认为语用学不仅不能和语音学、音位学、形态学、句法学、语义学相并列,也不属于神经语言学、心理语言学、社会语言学、文化语言学这类跨学科领域。这些领域中每一个学科都有自己与语言研究联系的相关对象。欧洲大陆学派将语用学具体化为一种从认知的、社会的和文化的整体角度对语言现象的综观,是对语言的一种综观,即认为语言的各个方面和各个层面上都有语用学的问题。维绪尔伦(1999)的《语用学新解》和梅

伊的《语用学引论》都属于这类研究。维绪尔伦系统地论述了语用学综观论和语言顺应理论。他认为语用学没有基本分析单元,它是对语言各个层面的功能性综观,在语言所有的层面上都有值得语用学研究的问题。语言顺应理论认为语言具有变异性、商讨性和顺应性,语言使用的过程实际上是为了顺应而不断做出语言选择的过程。任何语用描写和语用解释都应从语境顺应、结构顺应、动态顺应和顺应过程的意识程度四个角度进行综合的语用分析。综观论认为语用学覆盖其他语言学科,没有基本分析单元,是从认知、社会、文化等角度就语言使用功能所作的综观。

除了英美学派和欧洲大陆语用学派之外,俄语语用学理论与实践研究也得到了迅速的发展。俄国的言语活动思想出现在 20 世纪 30 年代。俄国语用学的发展不是因为俄国学者把西方语用学的论题移植到了俄语学中,而是一批学者能够自觉地把言语活动看作是生活的一种形式,并通过语言努力认识人类思维与行为的本质。研究语言、思维、行为的关系时,言语活动在智力活动与现实活动之间起着中介的作用。而言语行为、智力行为、一般行为模式成为俄语语用学的三大主题。俄语语用学的另一基础是俄语结构功能语言学,语用学的部分对象也是功能语言学各学科所涉及的。这些学科包括:功能修辞学、功能语法、交际句法、实义切分、话语语言学、交际语言学、巴赫金话语理论、演讲学,等等。

语用学作为一门独立的学科,拥有自己的研究宗旨、研究视角和研究方法。同时,它又与其他学科相交叉,或者直接进入不同的学科,与它们拥有同一个研究对象,从而成为一门跨学科的语言学科。语言学中有一些新的相关学科应运而生,如篇章语用学、交际语用学、认知语用学等,正呈现综观的发展态势,并不断走向宏观与微观的探索,同时微观研究不断深入,建构起跨学科的研究路径。随着语用学研究的不断深入和发展,语用学研究的路径将越来越宽,研究的问题将越来越有深度,其研究方向将不断走向综观发展。近几年,越来越多的学者对各种不同的理论提出了自己的看法,注重学科的兼容研究,开始注意在不同的理论之间寻找共同点或结合点,大胆吸收其他理论的长处,走互补的路子,在理论与应用方面都取得了较为显著的成果。

第三节　语用学研究方法

一、语用学研究意义论

"意义"作为文化和哲学的根本问题,不仅是现代语言学中最重要的问题之一,也是历来语言学各流派关注的焦点问题。古希腊亚里士多德的传统语言观认为,语言符号所表征的意义与自然实在之间存在着一种对应和映现的关系。索绪尔的结构语言观关注语言—符号—意义的关系,认为:语言是一种表达思想的符号体系,即用以表达思想的语言不仅具有符号特性,而且本身就是一种符号体系。确切地说,语言这种符号体系就是由音响形象和概念(意义)之间的关系构成的一种结构。语用学是对语言意义的研究。语用学可以概括为"对语言使用中的意义的研究"或者"对语境意义的研究"。语用学研究的几个主要课题都是以意义为目标,旨在对语言符号在使用或交际中的意义进行解码,例如,指示词语、含意、前提的研究等;言语行为理论本身也可以说是一种语言意义理论。语用学研究脱胎于语义研究,因此它很自然地也是一种意义研究,只是它的研究视角、重点和目的不同。语言的意义是多层面的。现代语言学研究的基调是语言体系本身,传统的语义研究也同样局限于语言本身固有的、内在的单一层面的意义,这种意义是抽象的。

语义学的发展大致经历了词汇学、结构主义和多元化三个阶段。前两个阶段的语义学研究主要局限于词法与句法的研究。语义学虽主要研究的是语言符号所表达的意义,但因为语言符号的意义与说话者的意图和语境有着不可分割的联系,因此语义学还必须考虑语境中意义的理解问题。20世纪70年代以后,现代语义学呈现出多学科、跨学科、多维度和多层次这几个显著的特点。如果说传统的语义学研究主要局限在词汇意义层次的话,现代语义学的最大特点之一则是对语言意义的多层次考察。现代语义学对语言意义的关注不仅从词汇扩展到了句子层次,而且从句子层次扩展到了话语层次;从方法论角度来讲,现代语义学不但关注静态的词义描写,还关注组合关系中语法、语用因素的影响。

语言意义复杂多样。从语言使用的角度,格赖斯把语言意义分成以下四种:①固定意义;②应用固定意义;③情景意义;④说话者的情景意义。根据格赖斯对使用意义的分类,基提还把句子的意义分为"第一性意义"和"第二性意义"。所谓第一性意义就是我们在听到或读到一个句子后对其中的词语意义的第一反应;所谓第二性意义就是在话语特征和语境表明第一性意义不可取时我们所理解的意义。因此,我们可以看出,固定意义和应用固定意义取决于对话语类型的常规理解。话语类型的情景意义和说话者的情景意义经常与某种应用固定意义相同。当它们一致时,这就是第一性意义;如果不一致,那就是第二性意义。利奇把常见的"语义"分成 7 种类型:概念意义、联想意义、社会意义、感情意义、反映意义、搭配意义和主题意义。概念意义是一个词的中心意义或核心意义;与概念意义相比,联想意义不太稳定,是一种附加的意义,具有开放性和模糊性;社会意义指的是反映出说话人的社会背景和个人特征的意义;当一个词具有多重意义,其中的某一意义会使人联想到可能是禁忌领域的意义,这一意义就叫反映意义;搭配意义也是一种附加的意义,由于某些词常常与某些词语搭配,所形成的联想就称搭配意义;主题意义是指说话者或作者通过对信息的组织方式来传达意义。莱昂斯把意义宏观地划分为命题意义和非命题意义。非命题意义包含表达意义。命题意义指的是字典上所给的词的定义,这一定义决定着表述性陈述的真伪。表达意义指的是说话者的情感,表达意义具有社会性,涉及人际交往。

语言意义具有多层面,而对意义的研究已在多个层面上展开,这充实了对意义的研究,加深了对语言意义的认识。托马斯认为,研究特定情景中言语的意义即"对互动意义的研究",是现代语用学的目标。意义的建构是个动态过程,涉及说话人和听话人双方对意义的磋商、说话的语境以及话语的意义潜能;意义分为抽象意义和说话人意义两类,说话人意义又包含两个层次:语境意义和语势,即说话人的交际意图。抽象意义不是指词或句子本身具有的单一的内在意义,而是词或句在游离于语境之外的情况下所具有的一组意义的集合,这种集合导致话语的歧义。歧义的消除有赖于语境。在特定语境中,一个词或一句话的多种潜在意义中往往只有一种是合适的,排除其他意义后,歧义随之消失。此时,说话人的抽象意义转化为语境意义,即说话人意义的第一层次。语境意义确定后,需要进一步确定说话人的语势,即交际意图。显然,语用意义具有层次性,意义的理解具有递进性。

在《语言意义:语义学和语用学引论》中,克路斯说明了意义如何随语境而变化,意义的种类,意义如何形成以及语境的作用,等等。克路斯认为,意义研究的分支学科有:词义学、语法语义学、逻辑语义学、语言(学)语用学。克路斯在回顾传统词义学的研究方法后,提出了一种新方法,即动态意义建构论。所谓动态意义建构,指的是词语本身没有固定不变的意义,其意义是在实际运用中通过不同的心理过程而形成的。也就是说,意义的形成取决于无意识的心理建构过程。动态意义建构论的基本概念有:意义,概念内容,建构,限制。克路斯提出的意义"建构"是在一定的语境限制下进行的。整个意义建构过程取决于规约限制和语境限制。规约限制包括两个方面,一是词语形式与概念内容的相互映射,二是被映射的概念内容是如何构成的。语境限制包括语言语境、物理语境、认知语境、话语类型和交际者关系等。

语用学在成长过程中出现了多个分支学科,如哲学语用学、新格赖斯语用学、认知语用学、互动语用学和社会语用学等,具有不同的研究趋向。但对语言使用中所产生的意义的研究,即语用意义研究,却始终是它们共同关注的中心问题。有学者从自然语言理解的角度研究语用意义。在这一探索过程中,首要的任务是在定性或定量研究的基础上,找出语言特征、语境、语用意义三者之间的相互关系;其次,用形式化的手段分别对它们进行表征,并用模型的方式确立三者之间的关系。

进入 21 世纪,希腊雅典大学的学者马墨里多把研究语用现象的英美日常语言哲学思想与认知语用学有机地结合起来,创造性地提出了语用意义的新概念,并进一步从认知的视角探索语用意义。他认为语用意义涉及两个方面的内涵:①语用意义植根于认知并由语言文化规约驱动;②语用意义为探讨语言使用的互动和社会诸因素提供潜势。在分析语用学的认知观和社会观的差异和内在联系的基础上,马墨里多认为,语言使用毫无疑问既是一种内在现象,又是一种外在现象,并据此提出了语用意义的认知假设:假如语言植根于认知并在社会中得到发展,语言使用一定具有认知结构和社会现实概念化的双重特性,而语言使用则因此对社会意义的产生、维持或改变产生影响。语用意义的认知假设表明,语言使用是由认知结构的驱动以及与之互动而产生的复杂现象。语用意义的各社会文化参数,包括交谈双方的权势关系、社会角色以及相关的社会价值和文化信仰等都会在语言使用中得到强化。

从语用学视角不管把意义分为语言意义和言语意义,还是把语用意义分为语境意义、意图意义与言外之意,意义都是动态生成的。语用学研究学者不断从各层面探索语用意义生成以及干涉语用意义产生的各要素,包括认知的、文化的、社会的等因素。这是语用学追索的核心。从语用学的研究对象、范围、特点以及社会功能与作用来看,可以归结为一种对意义的研究。语用学对意义的研究是对在一定的语境中所使用的语言意义的研究。它的核心理论是以言语行为理论为基础,即语言的意义存在于人们使用语言所实施的行为之中。人们在实施语言交际功能当中需要参照一定的指示现象,这本身就是语言对语境依赖的证明。交往中的意义与语境关系密切,它们之间相互影响、相互制约而紧密地联系在一起。语用学家对意义的研究避免了哲学和形式语义学家将词语和语句的意义和所指看成是静态的、以为它们是词语或语句本身固有的这一不足。

二、语用学研究方法论

不同的学科有不同的方法论,在具体的研究过程中也可能使用不同的研究方法。方法论有广义、狭义之分。狭义的方法论指的是哲学意义上的方法论,它与世界观保持着一致的关系,是人们用于观察世界、改造世界的总的指导原则;广义的方法论是指科学意义上的方法论,它是人们所运用的具体的指导方法和原则。哲学方法论居于最高层次,专门学科的具体操作方式、办法、手段等位居底层,科学的方法论居于其中。研究方法始终与语言研究的对象、目标联系在一起。语言与自然界、人类社会及人类的精神世界密切相关。因此,研究者切入研究侧面的差异,会有不同的研究方法的运用。当代语言学发展的总趋向是综合,表现在方法论上是演绎与归纳结合,结构与功能结合,共时与历时结合。方法论则是关于方法的学说,也就是有关方法的理论。方法是具体的,具有实践上的可操作性;方法论则是抽象的,更具有形而上的色彩,通常渗透于某种理论模式的整体之中。当代语言学的研究中,自然学科与人文学科领域方法相互渗透,使得语言学方法论的种类更加纷呈。根据不同的标准,可以划分出不同的类型:按照逻辑原则,可分为归纳与演绎、分析与综合、抽象与具体等;根据理论研究过程中的操作方式,又可分为观察法、实验法、考据法、对比法等。语言研究方法是多样的,如有逻辑的方法、历史的方法、考据的方法、调查的方法、比较和对比的方法、计量的方法、心理的方法、文化语言学的方法、社会语言学的方法、系统论的方法、信息论的方法、控制论的方法、传播学的方法等等。这些方法各有特点,本身不分高下。按学派进行分类,则有历史比较语言学的历史比较法,结构主义语言学的结构法、描写法,转换生成语言学的转换法或生成法,功能语言学的功能法等。定性研究一般从研究者的主观立场出发来观察客观事物,整理、归纳所收集的数据,在综合的基础上进行理论表述;定量研究则一般是从客观的角度观察,收集、处理各种数据,用演绎的方法来分析验证有关理论。

　　一般而言,不同的语言学流派、不同的语言学分支学科总是有不同的语言观和方法论基础。例如历史比较语言学强调历史比较研究的方法论;洪堡特的语言理论强调辩证的方法,例如注意普遍性和特殊性的统一,建立了独特的语言比较研究范式,等等;而索绪尔的语言学说分清了语言符号的性质,区分语言与言语,明确共时和历时的语言研究的两条途径;结构主义的布拉格学派、哥本哈根学派和描写语言学派也有各自的方法论;理性主义的生成语言学方法论强调从内部观察者的立场,通过构拟以生成为特点的规则系统和原则系统,解释人类语言的内在机制;社会语言学更多地强调实证性的研究方法;功能语言学强调对"系统"的描写;认知语言学采用自然观察法和内省法等探索语言结构和认知结构的规律。基于这一观点的语境研究,使语言学的研究更加科学;对语境思想的研究也会对语言及其分支学科理论建设和学科建设产生积极的作用。钱冠连认为,语用学的研究对象是日常话语,主要研究两个人以上的言语活动,可以是单人的言语活动,也可以是书面的实用语篇语料。采集的理想方式是录音与实地记录,可以从档案、新闻、采访、报告、回忆录等真实记载里摘取。他认为文学作品中的对话与叙述都不适合做本学科的研究对象。事实上,随着语用学研究领域的拓宽与深入,语用学研究的层面或对象涉及语言的各个方面,包括音素、词语、短语、从句、句子、语篇等层面,及其所涉及的各种文体与篇章。至于语用学的研究方法,语用学应该是描写性质的,它必须从语言事实出发,对汉语与符号、语境与智力相关的种种有效用法和正确理解加以描写。描写语用学是描写人们为达到某一特定的交际目的的语用能力,其研究方法主要是归纳,由一系列的事实概括出一般的原理。但语用学研究方法随着语言学研究方法的多样性,也呈现出多样性。语用学研究语言使用的动态过程,其研究方法必然是解释性的,当然,这个解释应建立在大量数据的描述的基础上。

语用学方法论引入了"符号的解释者"这一重要的要素,指向语用学研究的核心内容:语境和意义。其目的是对研究对象进行描写与预示,解释语言使用及其现象。不过,语用学研究动态的、理性的交际过程,这个过程涉及的语境因素也是动态的。我们只有合理运用方法,探索干涉意义背后语境的各种因素,才能获得高效度的研究效果。科学研究中的方法采用,一般来说,常以多元化为取向,各种方法有互补的关系。我们应加强对这些方法的研究,例如社会学研究法、社会语言学研究法、批评分析法等,对这些研究方法进行综述,不仅能为语言学方法论的研究注入新鲜的血液,而且对语用学研究具有理论指导意义和实践应用价值。

三、语用学的语境论

语境,简而言之,就是言语理解和表达的环境。根据《辞海》,语境就是"说话的现实情景,即运用语言进行交际的具体场合"。郑诗鼎提出,从语言学的角度看,语境可以分为言辞语境和社会语境;从社会学的观点看,语境可以分为主观语境和客观语境。客观语境是指社会、文化、习俗、思维方式、风土人情、地理环境等;而主观语境指参与者的各种情况,包括知识结构、意识积淀、经历、心境、风格等因素。从文学研究的角度看,语境分为上下文语境、情景语境和文化语境。周明强在《现代汉语实用语境学》中指出,语境可以分为静态和动态两个层面。动态的语用语境包括交际活动所在场所的情景语境、进入了交际过程的动态语言语境以及交际活动的主体相关背景语境与认知语境。静态语境所彰显的是指称意义、词汇意义、语法意义、理性意义和关系意义等语用意义;动态语境所彰显的是内涵意义、社会意义、感情意义、联想意义、主题意义等语用意义。据日本学者西棋光正的研究,语境可以有8种功能:绝对功能、制约功能、解释功能、设计功能、滤补功能、生成功能、转化功能、习得功能。从表达方面看,语境具有生成的功能、暗示的功能、创造的功能、协调的功能和省略的功能;从理解方面看,语境具有解释的功能、引导的功能、过滤的功能、转化的功能和补充的功能。

从现代国外语境研究看,古代国外学者对语境的研究可以追溯到古希腊时期。早在公元前300多年前,逻辑学家亚里士多德就曾在《工具论》中提到词语的意义依赖于其出现的不同语境这一问题。他曾经指出:"一个名词是具有许多特殊意义还是只有一种意义,这可以用下述方法加以考察。

首先,查看它的相反者是否具有许多意义,它们之间的差别是属于种类的还是属于用语的。因为在若干情况下,从用语方面亦可以立即察觉。"最早提出语境概念的是波兰人类学家马林诺夫斯基。他通过对南太平洋岛屿上的土著居民的语言进行观察研究后得出结论:"如果没有语境,词就没有意义",并认为,一种语言基本上植根于说该语言的民族的文化、社会生活和习俗之中,不参照这些广泛的语境便难以正确理解语言。他把语境分成两类:文化语境和情景语境。"文化语境"指说话人生活于其中的社会文化背景;"情景语境"指言语行为发生时的具体情境。

许多哲学家、逻辑学家、语言学家和语用学家等都不同程度地涉及语境问题。比如,哲学家发现,许多哲学问题的研究都要依赖语境。美国哲学家皮尔士(1934)首先提出了指示符号的概念,认为符号一旦离开具体的语境便无法确定其所指。英国语言学家费斯(1951)发展了马林诺夫斯基的观点,提出了语境理论。他把语言环境这一概念加以扩展,指出:语言本身的上下文,除了在语言出现的环境中人们所从事的活动之外,整个社会环境、文化、信仰、参与者的身份和历史、参与者的关系等,都是构成语言环境的一个部分(刘润清2002)。英国语言学家韩礼德(1975)提出了"语域"这一概念。他把语域分成三部分:语场、语式和语旨。这三部分综合起来相当于语境。哈桑和韩礼德(1985)曾强调语篇和语境是两个不可分割的概念,它们之间相互作用、相互预测。语篇是语言在某一语境中的具体运用,而语境则是语篇得以产生的环境条件,对语篇起着相应的选择作用,如选择语篇的组织结构、语体风格等。脱离语境也就谈不上话语分析,因为话语分析主要以实际运用的自然语言材料为基础,结合情景语境作超句分析。美国社会语言学家费什曼认为,语境是言语交际中受共同行为规则制约的社会情境,包括地点、时间、身份、主题等。美国社会语言学家海姆斯认为,语境就是话语的形式与内容、背景、参与者、目的、音调、交际工具、风格和相互作用的规范等。英国语言学家莱昂斯认为,语境是一个理论概念,构成语境的各种因素是语言学从具体的情景中抽象出来的。他认为,要正确判断话语是否适合具体情境,说话者必须具备一定的知识,而这些知识体现在语境的作用之中。

(1)每个参与者必须知道自己在整个语言活动中所起的作用和所处的地位。

（2）每个参与者必须知道语言活动的时间和空间。

（3）每个参与者必须能够辨别语言活动情景的正式程度。

（4）每个参与者必须知道对于一定的交际情景来说，什么是合适的交际媒介。

（5）每个参与者必须知道如何使自己的话语适合语言活动的话题以及话题对选定方言或选定语言（在双语或多语社团中）的重要性。

（6）参与者必须知道如何使自己的话语适合情景所归属的语域。

语用学是研究人们在特定的言语环境下如何表达和理解话语的一门学科。随着语用研究的深入，作为语用学研究的方法和课题的语境，其研究也不断得到加强。布朗和尤尔（1983）讨论了语境在话语中所扮演的角色，将语境分为话语现场、上下文和社会文化背景知识，并提出两条决定相关语境的原则：局部理解原则，指所涉及的语境因素不应该多于理解某一话语时所需的语境因素；类推原则，指人们可根据过去的经验加以类比来理解话语。列文森的《语用学》讨论了话语的一些基本的语境参数，包括参与者、身份、角色、言语活动的时间及地点、参与者对所知或想当然的事物的种种假设等。列文森指出，许多传统的语境参数还应该包括某一文化背景下的社交原则和人类共同的社交原则。列文森提出了语境相对性的概念，即相同的句子在不同的语境中表示不同的命题，而语境起确定命题意义的作用。

语境有狭义和广义、静态和动态之分。狭义的语境指语言理解的上下文；而广义的语境指一切与语言使用相关的因素，包括语言语境和语言外语境。静态的语境研究强调语境的客观存在性，侧重于描写语境的释义和制约功能，忽视了交际主体的主观能动性；动态的语境研究则认为语境不是既定的、一成不变的，而是随言语交流的发展而不断地发展变化的。传统的语境观研究对语用意义的研究起重要的作用，但传统的语境观也暴露出其不足：①传统语境观所涉及的范围太广，包括语言的知识、语言的上下文、人的世界知识、交际的社会文化背景、交际的时间地点、交际者以及说话方式等情景要素。②传统语境观将语境视作静态的事物，是交际之前就确定的常项。③传统语境观将交际双方视为被动的参与者。斯波伯和威尔逊提出话语理解和表达中存在关联性的假设，将语用学的理论重点移到认知理论上来，这一学说被西方语言学界称为认知语用学。关联理论把关联定义为"假设和语境之间的关系"。斯波伯和威尔逊认为，语境是一种心理建构体，是听话者对世界的假设。这种假设可以是真的,也可以是假的。它们以概念表征的形式存在于人们的大脑中,构成一个人的"认知环境"。换言之,我们每个人的认知环境是由一系列可以显映的事实或假设构成的集合。这些事实都是一些已经被认知的旧信息,包括上下文、说话的具体环境以及一个人的认知结构、各种设想、期待、信念等因素。由于每个人的经历、感知能力、认知能力、推理能力以及记忆能力各不相同,因此认知环境也因人而异。但是,认知环境仅为一个人理解话语提供了一个潜在的语境。只有听话者和说话者双方的认知环境中显映的事实或假设出现重叠的部分才能成为双方共同的认知环境。听者在理解话语时总是从认知环境中搜索、选择相关的语境,作为处理、理解新信息的基础。斯波伯和威尔逊承认,仅当假设在一定的语境中具有语境效果时,这个假设在语境中才具有关联性。实际上,关联仅是一个相对概念。话语关联程度与话语所具有的语境效果和处理话语时所需付出的努力这两个因素有关。如果一个命题在一个语境假设中的语境效果越大,这个命题在这个语境中具有的关联性就越强;另一方面,如果处理话语时所付出的努力越小,话语的关联性也就越强。寻找话语最佳关联的过程实际上是选择处理话语的最佳语境的过程。

关联论的语境观特别强调认知语境与认知效果,熊学亮等学者对此作了深入的探讨。他指出,认知语境包括语言使用涉及的情景知识、语言上下文知识和背景知识三个语用范畴,也包含社会团体所具有的集体意识,即社会文化团体"办事、思维或信仰的方法"。集体意识以"社会表征"的方式,储存在个人的知识结构里,使个人的语言行为适合社会文化和政治环境。熊学亮还论述了知识草案、心理图式、社会心理表征等几个认知概念,对语篇的认知语境、客观结构作了充分的论述,论证了宏观结构理论在信息处理、语用推理中的重要作用。孟建钢总结出了认知环境的四个主要构成因素:①演绎装置中的记忆内容,即已经经过逻辑推理而获得的结论或假设;②具有综合目的或用途的短期记忆内容;③有关世界的百科知识;④可以从交际场景中直接获取的信息。综合起来,认知环境是一种表示受话者运用特定的逻辑关系进行推理的能力以及关于语言能力和语言交际规约的认知能力,这也就是人们从长期的生活经验中形成的稳定而抽象的普遍世界观。

语境是语用学研究的基础,它和言语行为的相互作用构成语用学的中心内容。语境与言语活动的参与者、言语行为,尤其与正确理解会话含义有密切联系。因此,许多学者都通过语境给语用学下定义,例如"语用学是利用语境来推断意义的语言学分支学科";"语用学研究在特定情景中的特定话语,特别是研究在不同的语言交际环境下如何理解语言和运用语言",等等。尽管人们对语用学存在不同的理解,但各种定义都强调语境因素的重要性,把语境作为语用学研究的客体,把话语产生和理解的主体即说话人和听话人作为研究的对象,综合研究语境、话语、说话人、听话人等因素相互作用的动态意义。

语境对意义的影响不仅在于它是语言的客观属性,而且还由于它具有以下几项功能。语境的绝对功能是指语境功能的绝对性即其普遍性。任何语言活动都是以一定的语境为条件的。语言是一种社会现象,因此社会上的一切,无论从大的方面或小的方面,还是从抽象的方面或具体的方面来考虑和划分,都可能成为语境因素。制约功能是指语境对于语言应用和语言研究的影响和作用,此项可分为整体制约、上下制约、文化制约和情景制约。整体制约中的整体规模可大至人类社会,也可小至一个句子或短语,甚至一个词语,这与语境的确定性保持一致。上下制约功能更多地指"前言后语"。意义的递推、理解的递推和语境因素内容的递推都有一定依据和方向,这与语境的相对性保持一致。解释功能是指语境对于语言和语言研究中的某些现象的解释和说明能力。此项可分为解释情景词义、解释模糊现象、解释歧义现象和解释多余与缺乏的信息。这项功能更多体现在意义的阐释上,是依托语境而发生运行的修辞活动所赋予创造的。语用语境是语用行为使客观时空、事件具有语用的规定、约束功能,具有语用性质。语用语境就是为话语在静态意义之上加载交际信息,对动态交际中的语言使用的内在心理机制和外部机制的联系,语言使用的解释起关键的作用。语境最主要的特征是它产生于交际双方使用语言的过程中,由不断被激活的因素和一些客观存在的事物相互作用而生成,并随交际的逐步展开而不断得以更新。

我们认为,语境的多维研究强调了语境的重要功能和作用,丰富了语境的内涵:①指示语的意义只有结合语境才可能得到正确的解释。②语境有助于推导出话语的真正含义,解释话语的言外之意、弦外之音。③语用前提是正确推导会话含义的先决条件,而语境是语用前提理解的关键条件。④语境的研究是为适应自然语言意义的理解而发展起来的。虽然语境的类型和构成因素丰富多彩,由一系列同语言的理解密切相关的主、客观因素结构而成的多形态、多层次、多方面的复杂因素而构成,但它终究离不开语言本质的制约。语言的自然属性和社会属性决定了语境也同样具有自然和社会性质。会话主体与语境的能动性决定了语境的相对固定、灵活多变以及其选择性。

语境研究对诸多学科产生重大的影响。胡壮麟认为,语境对理解语篇语义具有重大作用,一向受语义学家、语用学家、民俗学家、人类学家、哲学家和认知学家所关注。追踪这些学者的研究,可以发现,对语境分析的方法已从语言语境——上下文,经由二元化——语言语境和非语言语境,三元化——语言语境、物理语境和共享知识,走向多元化——世界知识、集体知识、特定知识、参与者、正式程度及媒体等的趋势。语境分析甚至被哲学家佩珀看作是一种世界观。现在语境研究走向综观化,关注语言语境——包括语言各层面的动态干涉因素以及交际语境,包括物理世界、心理世界和社交世界等多元的语境,不断从宏观的语境因素探索语言使用与语言选择,同时关注微观语境中的语言使用,对语境中的语言使用做出合理的解释,探索语言使用背后的真实意义。

第四节 语用学理论批评与发展

一、指示语研究与发展

指示语源于皮尔士的用语"索引符号"。1954 年犹太学者巴尔·希勒尔发表的《索引词语》一文提出,索引词语被列为语用学的研究对象,是用作指示的语言单位,它是语言学的基本范畴之一。指示语通常被表述为:意义具有相对性和不确定性,只有在语境中才能够被充分理解的语言表达方式。作为一种特殊而复杂的语言现象,指示语对一系列有关自然语言本质的意义及指称理论提出了质疑,对研究意义理论和指称理论有十分重要的理论价值。近几十年来,它已成为语言哲学、语义学、语用学及心理语言学共同关注的课题。正如何自然先生所说:"我们把表示语言指示信息的词语称为指示语,归入语用学的范畴,因为指示语是一些不能单用语义学的真假条件衡量的词语,它们的意义只有结合语境才可能得到正确的解释。"指示语可概括性地分为"靠近说话者"和"远离说话者"的指示词语。"靠近说话者"指示语称近指词,"远离说话者"指示语为远指词,英汉两种语言中都有一套远近称指示语系统。

指示现象是语用学较早研究的基本课题之一,主要研究如何运用语言形式表示语境特征以及如何依靠语境分析理解话语。指示词语即为语言中自身带有某种语境特征同时其所指对象由语境决定的语言形式,可以是词,也可以是语法形态特征,如英语的动词时态变化。指示现象的研究开语用研究之先河,语言学家比勒、莱昂斯、菲尔墨、列文森对这方面进行了研究。他们对指示现象进行了比较系统的描写和分析,同时也注意到了指示词语的某些派生用法的影射现象和先用性质,但它们仅仅被作为一种语言现象提了出来,缺乏理论上全面系统的阐释。西方的指示语研究大体可以划分为三个阶段:①20世纪30年代,奥地利心理语言学家比勒为指示语研究奠定理论基础,激发了人们对指示语的关注和深入研究;②20世纪50到60年代,巴尔·希勒尔的文章产生很大影响,指示语几乎被认作语用学的主要研究对象。在本维尼斯特和雅各布森的影响下,指示语研究成为理论语言学的论题之一;③20世纪70至90年代,莱昂斯、菲尔墨、卡普兰、列文森等人的研究,尤其是他们对指示语各具体类型的功能描写以及索引词逻辑的出现,使指示语研究更加全面、系统和深入。各个领域的学者们从不同角度对指示现象和指示词语进行了分析和研究,为指示语研究的深入发展打下了坚实的基础。在对指示语的研究中,人们不断地发现和认识到指示语的各种基本属性,如指示性、主观性、自我中心性、语境依赖性、言语行为现行性以及相对性、易变性,等等。从指示语的发展看,指示语的基础理论为比勒的指示场理论、主体定位系统理论,该理论解释和说明了指示语的各种基本属性。指示语研究关注人称和时空的指示研究。另外,部分学者已意识到指示语的某些特点,看到了指示语是象征符号,具有指示符号的两面性以及"半概念"词语的特性,提出了从不同层次去剖析指示语意义的思想。例如,胡塞尔将指示语的意义分为"用于表示的意义"和"已被表示的意义",卡普兰将指示语的意义分为"特性"和"内容"等。

现代指示语研究的历史虽逾百年,各种有关指示语的论述从绝对数量上看已经不少,但与诸如摹状词、专名等语义类型相比,其研究在理论深度和广度方面仍明显滞后。而且,大多数有关指示语的论述还显得零散和缺乏系统性,因为研究者的主要论题并不是指示语,指示语只是作为论证其他理论的论据。后期虽然出现了较多专门讨论指示语问题的论文、专章甚至专著,并且这些著述也具有较强的系统性和全面性,但其主要内容却往往偏重于对各类指示语,如人称指示、时间指示、地点指示、话语指示、社交指示等的功能的具体描写,而对指示语提出的关系到对语言学及语言哲学一般定理进行重新认识的重大理论问题却没有进行系统而深入的研究。因此,直至今日,人们在某些理论问题上还远未取得共识,一些具有理论价值的问题还没有得到应有的重视。未来研究需要加强以下几个方面:深入探索指示语的基本属性及各属性之间的关系;探索指示语的意义结构和指称关系以及指示语的意义是否要依赖语境才能获得确定,指示语的意义是固定不变,还是随语境变化而变化等问题;明确指示语的范围,即指示语与非指示语的划界问题,消除指示语范围扩大化与缩小化两种倾向。

二、预设研究与发展

预设亦称"前提""先设"或"前设",常常被定义为发话者在说出某个特定的句子时所作的假设,即说话者为保证句子或语段的适宜性而必须满足的前提或说话者或作者假定对方已知晓的信息。预设就像许多其他学科一样,也有它的哲学根源。预设是由德国著名哲学家和数学家弗雷格于1892年提出的。弗雷格在《意义与所指》一书中最早提到了语言使用中的预设现象,认为如果要断言某一件事,总需要有一个明显的预设,使用的专有名词无论简单的或复杂的都要有一个指称对象。从弗雷格开始,以后的许多哲学家、逻辑学家和语言学家首先从句子真值的角度探讨了预设。20世纪50年代,英国哲学家斯特劳森对罗素的观点提出了异议,认为把预设的真假问题引进逻辑的观点也与传统的二值逻辑发生了矛盾。20世纪六七十年代,有关预设的语义领域的研究非常热,研究的共性就是把预设看成句子或命题之间的关系,但是却无法解释诸如预设的可取消性或投射等问题。对预设的定义、范围、研究方法等问题,语言学家们至今未有定论。脱离言语行为的句子无真值意义可言,只有在特定语境中使用的句子或者话语才有可能分出真假。从话语的语义内容来看,一般可以把预设分为三类。

第一,存在预设:凡是陈述某人或某事具有一定性质的话语,一般都预设所讨论的对象存在。

第二,事实预设:凡是对陈述事实的性质或关系用表态性谓词加以限定的话语,一般都预设所讨论的对象是事实。

第三,种类预设:凡是其谓词含有的意义可以包含某个集合的属性的话语,一般都预设所讨论的对象属于某种范畴。

预设现象很复杂,上述分类并不是完全的。而且,对于语用预设究竟借助于真值分析,还是借助于其他分析方法,语言学家还有不同的看法。预设范围的划定取决于对预设的定义。英国语言学家利奇在其《语义学》中主张预设由语义学和语用学共同研究,因为预设要受到语境因素的制约,但又有一定的可预测性。预设与一定的词语和结构有关。

语用预设是相对于语义预设而言的,是从语用的角度对语句的预设进行分析,对语用预设可以从三个方面进行理解:语用预设是一种命题态度;语用预设是在具体的交际环境中施受双方的"共同知识";语用预设是在交际过程中使得一个语句或命题具有恰当性的条件。我们可以把语用预设的基本特征归纳为以下几点。

(1)互知性或共同性,语用预设为交际双方所共有。

(2)适宜性,预设与语境紧密结合,它决定句子和语段在特定语篇语境中的意义,预设是言语行为的先决条件。

(3)主观性、隐蔽性和单项性。

预设的存在与语境有密切的关系,有些预设在特殊的语境中可以被消除,这就是预设所谓的"可取消性"。利奇从语义、语法和语音三个不同的语言层次对预设和陈述的差异作了详细的阐述。

(1)从语义层次出发,区分有定和无定意义。

(2)从语法角度看主位、述位与预设的关系,主位和述位之分,主要是心理因素的作用,不是结构上的问题。主位就是说话者选择的所要谈论的对象,而述位则是它对该对象所要说的内容。

(3)从语音角度看信息中心和预设。预设和陈述的差异还可以通过语音部分看出。被强调的部分一般是信息中心,而其余部分就是预设。利奇指出,预设具有特殊的性质,它受各方面语用因素的影响,但又有一定的可预测性。他主张,预设由语义学和语用学共同研究,语义学研究潜在的预设或所有的预设机制,而语用学则研究潜在预设变成实际预设的各种语用条件。

语用预设与说话人和说话对象有着密切的关系,涉及说话人和受话人的态度、信念、意图等,它传达的是发话者的知识状态的假设,在言语交际过程中,发话者为保证信息传递的效率和交际的成功,必须对受话者的知识状态做出假设,以便决定哪些是断言信息,哪些可以作为背景信息。作为一种预设,语用预设不一定具有真实性,但它必须是发话者的一种信念,并且至少是交际双方没有异议的,或者能为交际双方所接受。语用预设与语境也密切相关,预设对语境十分敏感,它实际上是一种语用推论。交际双方所共有的知识是语境的一个重要的构成因素,因此,语用预设实际上存在于整个交际语境之中,是语境的一部分。

三、会话含意理论研究与发展

格赖斯认为,交际双方采取合作的态度是成功交际的基础。因此,他提出了合作原则及其四个准则:质准则、量准则、关系准则和方式准则。交际者通过对合作原则以及四个准则刻意地违反或利用推导具体的会话含义。格赖斯理论受到了哲学家、逻辑学家、心理学家、语言学家等的普遍重视和研究,成为语用学的基本理论之一。格赖斯认为会话这种交际行为必须遵守合作原则。他提出的"合作原则"突破了语法的诸多局限,丰富了语义学的实践价值,为解释言外行为提供了一定的理论依据,极大地补充和发展了奥斯汀和塞尔的言语行为理论。会话含意主要根据使用原则推导,以弥补言语形式与含意之间的非语言空间。格赖斯的非自然意义理论与会话含意理论实际上都属交际理论,二者存在密切联系。非自然意义理论强调在话语的字面意义之外传递更多信息,或者在没有规约性手段传递信息时实现交际;会话含意理论则更加强调言外之意、弦外之音,受话者必须根据话语的字面意义、使用原则及其准则、话语的各种语境、背景知识等进行推导,才能准确理解话语含意。因此,非自然意义理论和会话含意理论都涉及"意图"这一重要概念,二者探讨的实质是交际过程的同一内容。格赖斯抓住了交际行为的本质,即交际过程和交际意图的不可分离性;同时指出,交际过程中说话者话语所表达的意义并非完全等同于话语本身的意义,需要受话者进行语用推理,因为语言在使用过程中具有一定程度的隐含性。格赖斯理论突出了语用学研究的目标——解释受话者对说话者交际意图的理解,认为交际者所传达、理解中最关键的是话语背后的含意,而不仅是字面意义。合作原则在一定程度上符合人们的直觉——成功的交际需要双方最起码限度的合作,正是由于这些优点,从违反合作原则及具体准则入手推导含意也显得具有可操作性。尽管理论界对此尚存疑虑,但其仍得到广泛认可,同时,认为此理论使语用学研究从意义转向对语用含意的关注。

人们对该理论的研究至今还在继续。关于这些讨论,何自然认为,合作原则存在不少悬而未决的问题,特别是合作原则诸准则的性质和来源不够清楚。人们怀疑,交际是否必须合作? 说话人是否必然地遵守着真实、充分、关联、清楚的原则或准则? 合作原则对此没有交代清楚。同样,格赖斯也没有交代人们是如何掌握那些合作原则和准则的。格赖斯既未对四准则的内容及其相互关系进行具体分析,也没提供一个推导机制,这就使得人们在运用这四条准则来推导会话含意时多半只凭语感,未能理出一条科学的思路,带有较多的主观顿悟或"试误"成分,难于形成合理的推导程序。

我们认为,合作是交际的必要条件之一,但合作原则及准则本身限于对经验的观察和总结,难以充分有效地解释交际过程。人们可能会假设,除了合作原则外,交际是否受其他原则制约,如礼貌原则、目的原则、兴趣原则、启发原则等,以具备更强的解释力,去揭示交际活动本身的内在规律。格赖斯的合作原则解释了会话含意的存在,但并未建构会话含意的理性推导机制。

关于是否要按照格赖斯所说的说话人和听话人的双方都应遵守合作原则,有学者继续讨论道,在实际言语交际中,总存在违反合作原则的现象,例如礼貌、关联、文化差异、修辞效果、一词多义、白色谎言等方面。他们认为,对交际原则的运用表现为"合作"与"违反"两种方式,这两种方式并不是绝对的,即我们在运用交际原则的过程中应掌握一个适度的标准,一味遵守会适得其反,随意违反则会使交际双方有规难循,交际就无法进行。因此,在实际中的言语交际中,交际双方都应根据不同的语境而灵活运用合作原则,决定遵守或是违反这个原则。在特定的情景下,适当地、巧妙地偏离合作原则可以起到一些很好的效果,对言语交际活动顺利进行具有重要的意义。

就会话含义中的推理与意图问题,语用学从言语的表达与理解两方面为交际双方提供科学的解释,但它仅强调交际中的暗含意义,即强调从说话者方面解释交际行为。这显然存在认知缺陷,因为言语交际是交际双方相互作用的过程,说话者将交际意图附于言语行为之中,受话者是通过对言语行为的分析达到对交际意图的理解。在实际言语交际中,就同一话语来说,不同的人在不同的条件下可能存在不同的推理结果,因此需要一些具有普遍意义的原则、策略去制约推理过程以及对实际交际过程中的推理进行解释。格赖斯的合作原则及其准则试图说明这一点。但是格赖斯的理论框架显得较松散,缺乏严密性。它只论证了推理解释会话隐含的作用与过程,未能阐明推理是交际的普遍现象。另外,其会话准则带有较大的任意性,未能在此基础上提出概括性更强的统一原则。同时,格赖斯在提出"合作原则"时未能构建运用该原则推导会话含意的语用机制。因此,它有待不断地补充和完善。

许多学者也为完善格赖斯的合作原则做出了不懈的探索,例如利奇、布朗等试图用"礼貌原则"拯救"合作原则",斯波伯和威尔逊的"关联理论"、列文森的"新格赖斯语用推导机制"等试图改造和重构新的语用学会话含意理论。有趣的是,关联理论的倡导者一方面提出应以关联原则取代合作原则,另一方面又否认交际中要遵守什么原则,说话人不是必须遵守什么关系准则,而是因为关联性是认知的基础。斯波伯和威尔逊认为,关联论明白无误,具有更强的解释性,并大胆地宣称:从认知的角度思考,人类只对那些具有足够关联的现象给以注意、表达和处理,因此,关联性才是交际中的最基本原则。

为了更好理解格赖斯的思想,我们应审视格赖斯关于合作原则和会话准则的新看法:"虽然会话准则总体上已得到广泛认同,但我认为,我所提出的会话合作总原则却不是如此。问题的根源之一也许是即使在文明人的对话过程中,声色俱厉的争吵和会话欺诈已司空见惯,却并不违反会话行为的基本指导原则。问题的另一个根源也许是这样一种思想:无论对话的基调是否让人感到愉悦,我们的大部分对话具有很强的偶然性,并不指向任何合作或其他的目的。除非把打发时间看作是一段路途,闲聊就没有任何方向性。""如果说,我总结的确实是正确的会话准则,我根本就不清楚它们实际上是否起到了明显分界标志的作用,是否每一界桩上都悬挂着无数极为详尽的会话指令。如果说,我把它们误认为是会话准则,我也不清楚我能找到什么样的替代物在同样的大框架里来做同样的事,而且要做得不同、做得更好。最根本的缺陷可能并不在于我所提出的这些准则,而在于它们所处的外部框架的概念,这些准则只是在这个框架中起作用。"我们认为,应结合宏观方面,从认知、语境、词汇意义、语体的选择及文化等方面,做到微观与宏观二者有机结合,取长补短,这样才能真正全面地理解会话含意理论。

第二章　语用预设的认知语用研究

第一节　预设研究的多维思考

一、预设三论：表达论、接受论、互动论

德国哲学家弗雷格于 1892 年提出"预设"这样一个哲学和逻辑学的课题后，形式语言学、语义学、语用学、认知语言学等都相继介入预设的研究之中。目前预设研究的形式化方面研究进展不大，对预设的接受心理与认知期待方面的研究就更少了，预设的研究似乎陷入了困境之中。综观预设的研究，人们的注意力主要集中在预设的表达方面，如预设的种类、预设的触发语、预设的投射等方面，而对预设的接受与理解、预设的表达与接受的互动方面研究不够。

（一）预设的表达论

谭学纯指出，表达与接受是言语对话中须臾不可分离的两个有机组成部分，它们共同构成话语发生与理解的一个完整的认知过程。在言语交际中，交际双方必然产生心理活动，作为接受者的心理，势必也会影响到说话人的话语预设的表达。我们知道，语言的编码与解码同样是值得我们重视的，二者互相联系、互相制约。

（二）预设的接受论

以往预设的研究主要集中在预设的表达方面，而忽视了预设的接受方面的研究。这不得不说是预设研究的重大缺陷。向明友指出，预设的共知性特征、合适性特征要求我们必须选用话语的相邻对为预设分析的基本单位，以话语相邻对为预设分析的基本单位还能克服以往的预设分析中过分强调言者忽视听者所造成的片面性。预设是两个主体的双向交流行为在三个层面的展开，应该探讨"预设话语权与表达策略""预设解释权与接受策略"以及二者双向互动的运作机制。

20世纪曾被人宣布是一个"批评的时代"。文本一旦完成,作者就已经死亡,对文本的解读就交给读者了。因此产生了形形色色的理论,什么接受美学、读者批评反应论、意识形态批评论等等。接受美学的最大特征就是第一次如此明确地把接受角度、接受主体置于一个前所未有的重要地位,突出强调了接受者的"阅读"对于文本意义的决定地位,由此构筑了文本—接受者的关系的新型理解观念,并从中引发一些富有创见的研究范式,例如接受的文学史观。

按照传统的观点,语用预设必须为交际双方所共知,共同性是语用预设被理解的基础。然而,语用预设在被听话人处理和理解以前只是针对语用预设本身而言的,在被听话人处理之前它只相对于说话人而存在,具有明显的单向性,因为语用预设是说话人单方面做出的,听话人能否理解还是一个问题。同时,语用预设是带有断言性质的语境假设,具有很强的主观性,本身并不具备必然的真实性或正确性。Stalnaker认为,语用预设不但同语境有关,而且跟说话人有关。如果一个命题是说话人在特定语境中的语用预设,那么这个命题是说话人本身设想或相信的。这一点只是针对说话人而言的,在听话人看来,说话人的预设未必能起作用。因此,语言学家认为,预设是说话人和听话人共有的背景知识,否则预设将变得毫无意义。

人们是怎样制造出幽默的? 在很多情况下,就是利用了预设的语用策略。有时,在具体的语境下,说话人把自己隐藏的"秘密"通过预设给暴露出来,或者是说话人的预设被听话人加以改造了,把原先的预设进行了转移和改变,变成了另外的预设,话语也就因此变得滑稽可笑了。

(三)预设的互动论

预设的接受受制于预设的表达,即预设接受需要承受来自预设表达的作用力;预设接受也影响预设的表达,即预设接受对预设表达产生反作用力。预设的互动论主要是指在大语境下,说话人和听话人双方你来我往、唇枪舌剑,双方的矛盾冲突通过预设表现得淋漓尽致。笔者把这种复杂语篇中与预设的表达和接受有关的复杂情况称为预设的互动论。著名诠释学家加达默尔提出了"视域融合"的概念,他认为在解释过程中,主体的视域与客体的视域不断融合,相互作用和影响,从而产生出新的主体与新的客体。有这样的诗句:"人看花,人到花中去;花看人,花到人中来",说的也是这个道理。一个人在某一时刻的特定认知目标总是体现了一个更普遍的目标,那就是,最大限度地增加所处理的信息的关联性。语用预设处理信息的高效率与处理过程(涉及输入选择、加工、储存、输出等)的每一个环节都与关联原则息息相关。

二、语用预设的接受心理与认知期待

预设一直是语用学研究的重点课题。然而,综观目前学术界对预设的研究,大部分研究主要集中在预设的表达上,如预设的种类、预设的触发语、预设的投射、预设的否定、预设的功能等,而从接受者的角度来研究预设的文献很少。向明友指出,预设的共知性特征、合适性特征要求我们必须选用话语的相邻对为预设分析的基本单位,以话语相邻对为预设分析的基本单位还能克服以往的预设分析中过分强调言者忽视听者所造成的片面性。在正常的言语交际中,预设为听者和言者所共有。谭学纯指出,表达与接受是语言对话中须臾不可分离的两个有机组成部分,它们共同构成话语发生与理解的一个完整的认知过程。语言表达与接受是表达者与接受者之间互动博弈的过程,语用预设的研究也必须从这一过程出发。从接受者角度来研究语用预设是预设研究不可或缺的重要组成部分。

(一)变换一种研究视角:预设从表达到接受

对于哲学诠释学来说,问题并不在于我们做什么或我们应该做什么,而只在于,在我们所意愿和所做的背后发生了什么。理解的对象既包括我们力图理解的陌生世界,也包括我们早已理解的熟悉的世界。加达默尔论述了语言的无我性:只要一个人所说的是其他人不理解的语言,他就不是在讲话,因为讲话的含义就是对某个人讲话。

言语交际都是在特定的语境中进行的,交际双方的互动是交际成功的前提,接受者对交际的影响是显而易见的。在汉语中,"交际"的"交"有接合、通气、赋予的意思,"际"有接受、接纳、交合、会合、彼此之间等意思,"交际"泛指人与人之间的应酬。从这个定义看,交际是言语双方共同的活动。笔者发现,以往预设的研究主要集中在预设的表达方面,而忽视了预设的接受方面的研究。这不得不说是预设研究的重大缺陷。我们知道,语言的编码与解码同样是值得重视的,二者互相联系、互相制约。同样,预设也是如此,我们不能只注重预设的表达,而忽视预设的理解与接收方面的研究,可以说预设的理解与接受更复杂、更令人玩味,这与接受者的受话能力、受话动机、受话需要、受话兴趣等密切相关。接受活动的复杂性,导致了预设接受特征的丰富性、开放性。

当代西方文论在研究重点上发生了两次重要的历史性转移:第一次是从重点研究作家转移到重点研究作品文本,第二次则是从重点研究文本转移到重点研究读者和接受。按照文学中的极端观点,文本一旦完成,作者就已经死亡,对文本的解读就交给读者了。一千个读者就有一千个哈姆莱特,说的也就是这个意思。这也说明,变换语用预设研究的视角,是有理论依据的。从表面上看,语用预设的接受是被动的,但接受者在接受与理解过程中一定会发挥自己的主动性,不会照单全收,会对接收信息加以过滤和筛选。作为接受主体的读者、观众和听众是语用预设的二度阐释者,接受主体的心理不是一块白板,接受主体的理解与接受直接决定着说话人语用策略的选择。接受者是局内人,而不是局外人,没有接受者的主体体现,可以说语用预设的作用将大打折扣。语用预设的调节性建构是一个言语博弈过程,人能够根据认知语境中的各种因素实时地加以调节,进行新的建构。在语用预设的表达与接受过程中,人的主体性作用是言语交际成功的保障。语用预设的接受心理特征主要包括以下几个方面:

语用预设的主体性、动态性和选择性是语用预设的接受心理特征的体现方式,也是语用预设的基本特征的反映。在语用预设的研究中,应该充分考虑预设接受者的主体作用。语用预设的研究必须加强接受者方面的研究,这样的研究才更为完整、更为系统。完整的语用预设研究至少应该包括语用预设的表达与接受两个方面。语用预设是表达与接受的对立统一,表达与接受二者之间相互依存、互为参照。预设的接受受制于预设的表达,预设的接受也影响预设的表达,二者互为对象、互相依存,这也表明了预设的接受与表达之间是一种对立统一的关系。语用预设表达与接受的张力,形成了语言表达与理解的无穷魅力。

(二)哲学诠释学视角下语用预设的接受心理与认知期待

解释者对文本的理解就是囿于自己的视域范围内的理解。解释者与客观世界的每一次接触都是一次视域融合过程,而解释者的视域每与客观世界的视域发生一次融合都会形成一种新视域,该新视域既不同于解释者原有的视域,又不同于客观世界原有的视域。视域的这种不断融合、不断生成新视域的过程,就构成了视域的运动性。离开了视域,文本的意义便无法得到显现。解释学的现象既包括我们力图理解的陌生世界,也包括我们早已理解了的熟悉的世界。在维索尔伦看来,预设使用中反映出的各种顺应性才是语用学应该关注的核心问题。

接受心理的存在是普遍的现象,语境的变化必然也会影响接受者的心理,这一点是确定无疑的。接受心理是一个复杂的系统,在这个系统里,其中一个要素的变化必然引起整个系统的变化,这就体现了语用预设的动态性。接受心理主要包括读者的期待视野、接受动机和接受心境三个方面,这几个方面是互相影响、互相联系的。接受主体的心理图式、自性定向、心理时空、惯性经验对接受过程会产生积极的能动作用。接受心理是一种生命体验,充满了常态和变态等一系列复杂多变的现象。接受心理是一个复杂的认知过程,语言的使用过程是一个特定的言语活动,语言的使用必然包含接受者复杂的接受心理,这就决定了接受心理的复杂性,也决定了接受心理的不稳定性。

第二节　句法结构预设意义的认知研究

一、宾语隐形的预设机制与意义识解

宾语隐形的情况,反映在句法结构上,即不出现 V + O 的形式,也就是说宾语从不出现,而是以一种隐形的方式出现,但是并不对接受者造成理解困难。如果把这些隐形的宾语补充出来,反而有画蛇添足、多此一举的负面效果。为什么这类宾语可以隐形而人们又可以理解呢？刘正光对宾语隐形时的语义与语用特征进行了深入的研究。他认为,隐形宾语指在语义上存在而在语法形式上没有体现的宾语,换言之,这类结构中的动词在语义上是及物的,但在形式上却是不及物的。这类宾语大多数情况下不定指,也难以通过语境得到恢复。

宾语隐形的认知研究,目前在学术界还不多见。这里牵涉到语用预设的问题。宾语在什么情况下可以隐形而不影响理解,实际上是一个预设问题,语用预设是人类重要的认知工具,是此类句法结构生成与理解的重要机制之一。

在这类句法结构中,动词本身起着关键性的作用,还受到语句时态和体貌的制约。如果这类句法结构中的动词有时间词语、地点词语等修饰的话,那么这种动词就变成有界性的了,也就很难具有类指性、泛化性的特征,也

就丧失了类指概括性的功能了。此类动词表达的是一种状态，而非一种有界性的动作行为，在时间、空间方面没有具体限制。可以说，动词本身的语用预设意义起到了填补、补充的功能，让人们产生联想，这种联想是建立在具体的经验基础之上的。这类句法结构中宾语之所以可以隐形而不出现，是因为宾语的预设意义已经明显固化和常规化了。宾语所表达的意义甚至已经包含在动词之中了。在这种情况下，动词后的宾语即使不出现，句子的意义仍然是完整的，对我们的理解不会造成困难，这就是句法结构的无宾自足性。

此类宾语隐形句已经变成了类指句。类指句的真假性并不是对个体判断的结果，相反，是以规则为基础来进行评估和判断的，而这些规则是世界上最基本的、不能减缩的实体。在经验、直觉面前，人们似乎缺少了严格的逻辑理性，并不完全依赖于严格的形式逻辑推理程序。可以说，语用预设意义的固化才是此类宾语隐形句结构的无宾自足性得以形成的根本原因。这是动词表面不及物而实际上是及物性特征的反映，动词的宾语是隐含性的，无需补充出来。正因为这些动词本身的预设意义，人们在交际中感觉到这些句子在表达意义上是完整的，不觉得它们残缺了什么，理解起来也没有什么障碍。

被隐形的这类宾语往往是人类最根本的生活要素，是人类社会生活中必不可少的活动。这类宾语并不需要显性的形式标记，我们很容易从我们的生活经验中推知这类宾语，当然我们不能十分具体地确定宾语的所指对象。如"不吃不喝"这个结构中宾语被隐形了，"吃"到底是吃什么具体的食物，"喝"到底是喝什么具体的酒、饮料之类的，我们无法完全确定下来。当宾语是泛指的、不确定的时候，交际双方没有必要也难以确定这些宾语在语篇中的所指对象，因此，这就为它们的省略创造了认知前提与条件。

按照章振邦的说法，表示现在习惯动作是一般现在时最重要的用法，这一用法多用于动态动词，表示反复贯穿于或反复发生于包括现在时刻在内的整个阶段。

这类宾语的预设意义往往是人们能够根据自身的经验加以确定的。可以说是预设机制导致了这类宾语的隐形，并在具体使用中丧失其具体的指称意义，而变得泛指、类指了。特指性宾语的意义往往限于某一特定的点或段，是暂时的、不能持续的。与特指性宾语不同，这类被隐形的宾语往往是关于一个不受限制的个体的集合,而不是关于某个特别的个体。在我们的日常生活中,其隐含的预设意义是最常见、最重要的,也是最普遍的,往往具有永久性、持续性的特点。这类宾语的指称范围往往是不受限制的,已经泛化和抽象化了。正如前面提到的"吃、喝"这样的隐形宾语结构,人们不大会去计较"吃、喝"后面的隐形宾语到底指称什么,相反倒是以一种容忍的态度来理解。

从构式语法的角度看,此类结构也是一个构式,语义对此类构式的产生有明显的制约作用。构式语法理论认为,人类对于外界事物的感知,包括对语言表达的感知,总是在条件许可的范围内力趋感知为一个"好"的"完形"。正是因为人类对外界事物的感知总是自觉不自觉地遵循着完形趋向的原则,受话人总是要对并且能对话语进行补足和阐释,使话语变为一个好的完形。

从传统的观点看,宾语隐形的问题是语言使用的一种特例。本研究发现,宾语之所以能够隐形,是因为语用预设起到了很重要的作用。这其实一是语言中一种普遍现象,语用预设作为一种认知机制和认知工具,是话语构建不可或缺的因素。正因为语用预设的作用,才使得人类的交际变得可能,变得更加经济了。句法结构的建立,离不开语用预设的机制;句法结构的理解,可以说也离不开语用预设的理解。这也说明,语用预设是人类认知世界的有力工具之一。语言之所以精彩,很多时候就在于"意在不言中"。在具体的语境中,语用预设很多情况下是相当隐含的,但是,为了能够更好地理解话语的意义,我们很多时候不得不依赖语用预设这样的认知工具。

二、指类句的语用预设机制与认知识解

指类句是指明一类事物某一特征的句子,如"鸟会飞""人能直立行走、会说话、会制造工具"等。指类句的工作定义是:以隐性全称判断的形式,出于一定的语用需要,为指明一类事物的某一特征而做出的特设判断。有些指类句存在反例,而指类句的特点是容忍反例。指类句反映了人们对事物的分类分层级的认识。指类句的陈述是着眼于"类",它的任务和功能是对"类"作特定的描写。所谓特定的描写,就是根据一定的语用需要对该"类"的某一特征给予刻画和描写,给出一个符合该语用需要的特设判断。

(一)指类句研究概览

指类句历来受到哲学家、逻辑学家、语言学家的重视,这方面的研究成果颇为丰硕,尤其是20世纪70年代以来,指类句引起了语言学、逻辑学、人工智能等领域学者的兴趣。到目前,国内外对指类句的研究主要集中在其定义、类别、属性、逻辑分析、真值分析、主语对名词定指、不定指及单、复数的选用、频度副词的选用等方面,而且研究多采用"逻辑形式和形式语义的方法"来对指类句进行语义解释和描述。

1.指类句的定义

指类句是概括一类对象的全体(或部分)具有某种规律、属性或特征的简单陈述句,也叫做概称句。其显著特点是其主项通常被理解为隐性地指称一个类的全体成员,但同时又容忍例外。目前的语义研究未能说明这种"以偏概全"的指类功能是如何实现的。从语用上看,使用指类句通常是为了获得某种"小夸张"的修辞效果,这种效果是通过听话人以"容错推理"的方式对指类句进行全称量化解读获得的。容错推理是一种强化前提信息的心理逻辑。

2.指类句的研究方法

概括起来说,指类句研究的方法主要有:逻辑的解释方法、概率的解释方法和认知的解释方法。(1)基于逻辑的解释方法:该种解释方法侧重于采用逻辑规则对指类句的主项和谓项进行限制或模态,从而实现对指类句的形式化描述和解释,主要理论包括类提升规则、缺省规则、相关限制原则、划界说、模态条件句方向、典型说、带模态的典型说和双正常语义。(2)基于概率的解释方法:该种解释方法是通过考察相应的现实世界的实例为真的概率来确定指类句的真值的。亚里尔·科恩是近年来以概率的方法对指类句进行分析研究的一位有代表性的学者,他把指类句分为绝对读法和相关读法两种。(3)基于认知的解释方法:主要理论基础是生成整体论和典型范畴论。由于篇幅所限,这里重点介绍基于认知的解释方法。

徐盛桓认为,指类句可以看成是一个命题,这个命题是以一个类概念为主目做出的特设判断。(1)人类通过一个个"整体"来认识"类",任何一个"整体"总是由处于相对较低层级的较小的"类"整合而成的,人类的认知系统就是这样一个纵横交错的超大型的类层级结构。(2)人类对"类"的统一体的认识是把它当作一个类概念来理解的,因而就会专注于整体而忽略例外。这一点类似于原型范畴理论对范畴的看法。刘辰诞认为,人类头脑中存在着描述外部现实和行为的知识模型,称为心理模型(或认知模型),依靠这些模型人类可以利用过去的经验处理和应对当前或未来的情景,并因此有能力做出不同的选择。心理模型具有层级性,人们在特定语境中进行推理时就激活了某个心理模型或是其下位模型。

另外,还有学者认为指类句的研究方法可以归纳为如下两种方法:(1)规则观:指类句的真假性并不是对个体判断的结果,相反,是以规则为基础来进行评估和判断的,而这些规则是世界上最基本的、不能缩减的实体。每个指类句都表明一项规则,如果此规则为真,那么这个指类句就是真的、正确的。(2)归纳观:当且仅当在某一类领域有足够多的相关个体满足谓词的表述特征时,一个指类句才成立。

这些研究方法从不同层面推动了指类句的研究。但是,笔者发现,预设作为认知工具,对指类句的研究能够提供较有说服力的解释,因此,本文拟从预设的角度来重新分析指类句的生成机制与认知理据。

(二)指类句的语用预设机制与认知识解

指类句存在和容忍反例这一特点历来为研究者所重视。反例,从字面上讲,一个是"反",即相反,一个是"例",即个例;从指类句来说,它的反例就是与它的隐性全称判断相反的个例,也可以说是同指类句的特设判断发生了矛盾。所谓指类句存在和容忍反例,其实是人类认识事物的特点和认知策略为认识和接受指类句可能存在反例提供了容忍的空间。这可从相辅相成的两个方面来说。下面拟从语用预设的工具性特征、语用预设的指类功能和语用预设的隐性特征等几个方面来分析指类句的生成机理和认知理据。

1.语用预设的工具性特征与指类句

认知工具是支持、指引和扩充学习者思想过程的心智模式和设备,能帮助和促进认知过程,在培养学习者批判性思维、创造性思维和综合性思维中起着重要作用。认知工具是指能帮助学习者完成信息收集、整理、处理、创造和表达等方面任务而有效地进行思考和认知的操作工具。它们帮助人们透视黑暗,但更重要的是指出了黑暗背后露出的曙色,进而使人们能够把握在光明与黑暗交替中的未来。认知工具分为两种:一种是有形的认知工具,即技术设备,如铅笔、黑板、投影等等;另一种是无形的认知工具,即智力方法,它包括一系列的认知策略,如语义网、元认知等等。

在我国古代逻辑学中,"类"是关于推理原则的基本概念之一。"类"指事物的相似或相同,在数学逻辑中包括全类和空类。在类概念中随着上位层级的类概念的外延的增多,内涵就会因去掉某些非共有的内容而精简,这样就可能出现反例。由于人们常常容忍以偏概全的思维习惯,以家族相似性进行类的识别,也就容忍了反例。

2. 语用预设的指类功能与指类句的反例

语用预设在具体的语境中是动态的、变化的,有时甚至是不确定的,只有在具体语境中才能辨识语用预设。在具体语境中,指类句也表现出语用预设的这种动态性特征。

3. 语用预设的隐性特征与隐性指类句

指类句也可隐性地运用。这其实也就是指类句在使用过程中,预设充分发挥了它的隐性功能,才使得指类句也可以隐性地使用,也就是说,指类句的隐性使用是在建立在预设隐性特征的基础之上的,而预设的工具性使人们的认知在此变得可能。

相比英语而言,汉语指类句在使用方面更表现出语用预设的隐性特征。研究表明,汉语是高语境依赖的语言,而预设的隐性特征也就更能为汉语所利用。因此,我们经常看到汉语中这样的指类句得到广泛使用,出现在各种文体中,也就不足为奇了。语言之所以精彩,很多时候就在于"意在不言中"。有了预设机制,人类把握事物特征、认识世界的方法就变得更加经济、更加方便了。

三、作为认知工具的语用预设

语用预设是人类认知世界的有力工具之一。虽然在具体的语境中,语用预设很多情况下是相当隐含的,但是,为了能够更好地理解话语的意义,我们很多时候不得不依赖语用预设这样的认知工具。语用预设作为一种认知机制和认知工具,是话语构建不可或缺的因素。为什么各类句法结构的建构都离不开语用预设的机制,各类句法结构的理解也都离不开语用预设的理解呢? 为什么语用预设可以作为一般的认知工具来使用和发挥作用呢? 语用预设的工具性特征到底有哪些呢? 或者说有哪些因素使得语用预设成为一般的认知工具呢?

(一)什么是认知工具

何谓"工具"? 据《现代汉语词典》第 5 版,工具是:(1)进行生产劳动时所使用的器具,如锯、刨、犁、锄等;(2)比喻用以达到目的的事物:语言是人们交流思想的工具。工具原指工作时所需用的器具,后引申为达到、完成或促进某一事物的手段;工具是指能够方便人们完成工作的器具,它可以是机械性的,也可以是智能性的。哲学家曾经认为只有人类才会运用工具,因此将人定义为懂得运用工具的动物,复杂工具加速人类进化。

何谓"认知与认知工具"？认知工具是支持、指引和扩充人们的思想过程的心智模式和设备,能帮助和促进认知过程,在培养学习者的批判性思维、创造性思维和综合性思维中起着重要作用。

亚里士多德《工具篇》一书,集中了亚里士多德关于逻辑学的理论。该书第一次论述了形式逻辑的三条思维规律,提出了十个范畴,规定了判断的定义和分类,研讨了三段论的格式和规则,并指出认识的一般道路就是通过归纳从个别上升到一般和从一般推出个别。由于历史条件的限制,他没有真正解决客观逻辑和主观逻辑的关系,辩证法在亚里士多德逻辑学中还是偶然的、不彻底的、尚未发展的、倏忽即逝的。培根在《新工具》一书中,首先论述了制定科学认识方法的必要性。在培根看来,认识方法的这种意义和需要是由认识的主、客体双方的特性决定的。首先,在客体方面,培根认为人类认识的对象是无限复杂的。其次,在主体方面,培根认为,人类认识有产生谬误的根源,若不加以根除,我们"只能变化错误而不能廓清错误"。培根在《新工具》第二卷里提出了科学方法——归纳法。这是一种经验的方法,是从对一类对象的许多个别事物的观察实验研究中,推断出这一类对象的一般性的结论,进而达到对于规律的认识。培根的科学归纳法,正是培根开创的经验认识原则的具体化和现实化,其宗旨是要通过探寻和判明事物的客观因果必然联系,做出关于事物的一般结论,从而提供关于事物形式的认识。他在归纳的过程中很注意在对个别的自然事物分析的基础上,从个别中抽绎出一般的结论。

基于心理学、知识科学、认知科学的理论基础之上的认知工具,能极大地便利人们的认知过程并能促进深度认知加工。这种工具的功能是帮助人们获取信息、保存信息和处理信息。任何一种工具,只要它用来帮助人们思考,而不是限制人的思考,就可以被看作为认知工具。一切能促进认知、帮助人们进行思维的工具,包括纸、笔、模型等,都可称为认知工具。认知工具的概念来自认知心理学领域,广义地说,它包括一切能够支持、引导和扩展用户思维活动过程的智力方法或技术设备。可以看出,认知工具分为两种:

一种是有形的认知工具即技术设备,如铅笔、黑板、投影等等;另一种是无形的认知工具,即智力方法,它包括一系列的认知策略,如语义网、元认知等等。

所谓工具,从简单常识看,就是行为者为了达成某种目的而对行为对象采取某种行为时所依赖的事物。从这个认识出发,不仅外在于人体的事物可以充当工具,我们的大脑、人体也可以看作广义的工具。徐默凡对工具及工具行为有比较深入的论述,现摘引如下。

工具行为及其分类:凡是必须依赖工具才能完成的行为,我们称为工具行为。根据工具的性质差异,我们可以把工具行为分为三类。

(1)思想行为:思想行为即行为者控制大脑所完成的行为,如思考、回忆。大脑就是广义上的工具,可称为大脑工具。

(2)人体行为:人体行为即行为者控制大脑,大脑再控制人体某个部位所完成的行为,如摸(大脑和手)、看(大脑和眼睛)、踢(大脑和腿)等。

人体行为中的工具有两个,即大脑工具和人体工具。

(3)一般行为:一般行为即行为者控制大脑,大脑控制人体部位,人体部位再控制一般工具所完成的行为,如剪(大脑、手和剪刀)、砍(大脑、手和斧子等)、滑冰(大脑、脚和冰刀等)。

事实上,这三种行为已经包含了人类所有的有意识行为,体现这些行为的动词就是我们所谓的工具动词,预设可以充当我们思想行为、人体行为和一般行为的工具,在我们的认知活动中充当认知工具。

徐盛桓提出的"认知化",是作为探索这样的智能系统的工作原理的一种假说,专指某一事物或因素在人的智能系统对外界信息进行加工时被涉及而进入并起积极重要作用的过程,这时,这一事物或因素就成了在认知过程中的一种认知工具,认知手段被"认知化"了。按照本文的观点,预设就是这样一个被"认知化"了的因素:原来是事物自身的关系,在人的认知活动过程中被卷了进来,成了认知工具,所以就说它被"认知化"了。

(二)语用预设作为认知工具的属性特征

认知工具指支持、指导、扩展人的思维过程的心理和计算装置,心理装置存在于人的内部,如认知策略、元认知策略等,计算装置存在于人的外部,包括基于计算机的装置和环境。这些工具不同于常规的、针对特定任务的工具。而是普遍性工具,是能够促进认知处理的工具,认知工具支持学习过程的认知处理。乔纳森认为,认知工具是可以帮助学习者发展批判性思维、创造性思维和综合性思维能力的软件系统。培根认为:手用的工具不外是供以动力或加以引导,同样,心用的工具也不外是对理解力提供启示或示以警告。数学的工具是:(1)研究对象的数学定义(如:有两条边相等的三角形叫等腰三角形);(2)研究对象在数学定义下具有的属性,即我们常说的性质(如:等腰三角形的角平分线、底边上的高、底边的中线三线合一);(3)反映数学定义下的对象或对象之间所具有的本质的、内在的、规律性的定律、原理,即我们常说的定理(如:三垂线定理);(4)对所研究的数学定义下的对象在进行量化处理时所应该遵守的规则,即我们常说的法则(如:幂的乘方,底数不变指数相乘)。

1.预设的显性与隐性特征对认知关系的建构

梅认为:为了理解人们是怎样用语言来交际的,语用预设是很必要的因素。但是,即使有最好的愿望和最聪明的技术,有些时候要识别出所有的语用预设还是很困难的。预设信息的设置充分体现了发话者的出发点和认知策略,对于受话者而言,预设信息并不总是旧信息,也有可能是新信息,发话者的配置方式使得他们在无意识中接受了该信息,并将其置于背景知识,成为认知其他事物的基础。严轶伦研究了预设与命题、预设与意义、预设与社会批评三种关系。预设可以成为一种手段,参与对修辞关系、意义和批评话语分析等其他分支的研究。字面表达是话语显性表述。预设的隐含性指通常没有被说话人通过断言直接表达,但在交际过程中也得以传递的预设信息。

显性表述通常都是不完备的,有待它所蕴含的隐性表述即含意加以补足或阐释,成为相对完备的表达,亦即达成对话语相对完备的理解。交际者需要推导出隐性表述即含意,用它来补足或阐释显性表述,这就是我们对语用推理的理解。既然话语都是不完备的,话语的理解就都会包括一个要推出其隐性表述以期获得其相对完备表达的过程。这个过程就是语用推理的过程,其基本形式是建构和操作心理模型。话语为什么可以不完备呢?就算话语不完备,为什么在很多情况下又不影响人们的交际呢?实际上,预设在此起到了认知工具的作用,预设的隐性特征起到了填充的作用。

2.预设的经验性特征与认知工具:经验性与主观性

语言,作为人类特有的交际工具,是其他动物向人类世界无法跨越的一道鸿沟。人类以外的动物都不具备语言能力,自然也就不可能学会人类的语言。除了语言之外,人类还有没有其他的交际工具呢? 从生活中我们可以发现,语言并不是唯一的交际工具,图画、旗语、电报代码、数学符号、化学公式、烽火、击鼓、红绿灯、手势之类的表达方式,在某些情况下起着语言所不能替代的作用,能够帮助人类传达一定的信息,表达一定的思想感情,因此也是人类的交际工具。古人说,"以目言,以眉语",可见挤眉弄眼也是能够表达一定的感情的。但是,以上所述的非语言交际工具在交际作用上是不能跟语言相比的。在所有的交际工具中,只有语言才是人类最重要的交际工具。

根据黄华新、徐以中的观点,语用预设分为三种:言内预设、言伴预设和言外预设;言外预设的特点与社会经验更直接相关。预设要发挥它在具体语境中的作用,就必须建立在人们的经验基础之上。没有人们的经验,预设是很难发挥作用的。同时,预设具有强烈的目的性、效果性,能有效地反映说话人的心理状态。人们不仅可以通过运用预设传达信息,更可以改变受话者的观念和态度,促成行动,调解冲突和矛盾,使得社会向着和谐、有序或有利于自我的方向发展。认知语言学认为,人们的认知是建立在人的身体体验的基础之上的,体验哲学是认知语言学的哲学基础。该理论主要包括三项基本原则:心智的体验性、认知的无意识性和思维的隐喻性。其中,心智的体验性认为:我们的范畴、概念、推理和心智并不是外部现实客观的、镜像的反映,而是由我们的身体经验所形成的,特别是由我们的感觉运动系统所形成;我们大部分推理的最基本形式依赖于空间关系概念,身体、大脑与环境的互动提供了日常推理的认知基础。"近取诸身,远取诸物",预设的形成来自人们的日常生活,来自人们的身体体验,与人们的文化传统、思维方式、社会文化心理等息息相关。

预设现象由于涉及不同话语主体的动态变化过程,因此在分析预设现象时要注意三个不同维度或视角:说话人视角、听话人视角和交际过程视角。

第三节 语用语篇学视角下的语用预设研究

一、关联与预设

预设的研究需要新的理论范式的介入,才能取得大的进展。关联理论自产生以来,已经对语言学研究产生了重大的影响,具有很强的解释力。关联理论把关联这一概念从语言符号学转移到认知心理范畴,为它的运用开辟了更为广阔的领域,提供了更合理的方法论。可是目前似乎没有用关联理论来研究预设的文章。关联理论可以为语用预设的研究提供一个新视角。关联理论的两个关键概念——认知语境和最佳关联,可以为语用预设的研究提供很有说服力的解释。在认知语境中,关联度越大,语用预设越明显;关联度越小,语用预设越隐含。关联理论以认知语境和最佳关联为手段,揭示语用预设的相关信息。

(一)语用预设的关联理论模式

预设对语境因素十分敏感,在一定的语境中,原有的预设会消失,预设与说话人以及其他语言外因素有密切的关系。由此,预设进入了语用学研究的视野之中。"语用学的预设概念不但涉及到语言,而且涉及到人。"语用预设,是指那些对语境敏感的、与说话人(有时包括说话对象)的信念、态度、意图有关的前提(预设)关系。实践证明,相比逻辑学理论,语用学理论能解释更为广泛的现象,更具有说服力。可以这样说,把预设与语境联系起来,对预设作动态解释,这是一大进步,这样就能解释许多静态的语义预设理论所不能解释的预设现象。然而,到目前为止,还没有一种较为完备的预设解释理论。预设的机制是怎样形成的? 人们对极其复杂的预设现象的研究还远远不够。

语用预设在话语中具有多种功能,它反映了说话人的语用策略和交际意图。本文曾经论述过,预设有经济性、信息凸显性、增强话语说服力、语篇衔接连贯等功能,要从多学科、多层次的角度来研究预设,可从语义学、语用学、语篇分析、对比语言学等视角展开研究。

语境在语用学理论中起着重要的作用。语境的选择是受关联原则支配的。根据关联理论的交际原则和认知原则,每一个示意交际行为都预先设定该交际行为本身具有最佳关联性,听话人总是选择最具有可及性的语境假设来处理说话人所提供的信息。

传统的语用学把语境看作事先确定的常项,把关联看成按合作原则进行含义的推导后才能确定的变项。而关联理论则把关联看成常项,把语境作变项。在关联理论中,语境是一个由大脑中的一系列假设构成的心理结构体,话语的理解就是从语境中选择最相关的假设,以便使用最小的认知处

理努力来获得最大的语境效果,从而找到话语同语境假设的最佳关联。因此,语境的选择是受关联原则支配的,

一个人在某一时刻的特定认知目标总是体现了一个更普遍的目标,那就是——最大限度地增加所处理的信息的关联性。人类具有较高效率的"信息处理器",这是他们作为种系存在所具有的一个最明显的资本。语用预设处理信息的高效率与处理过程(涉及输入选择、加工、储存、输出等)的每一个环节都与关联原则息息相关。

(二)语用预设的关联解释

语用预设是语用学研究的重要内容之一。它常常涉及到说话人和听话人的背景知识、语用意图。在有些情况下,语用预设是通过语言上的明确标示如预设的触发语等表示出来的。但在有些情况下,语用预设则表现得不那么明显,这就需要语言使用者运用语用或认知推理来推导出话语中隐含的语用预设。近年来,人们开始从认知的角度来研究语用预设。

1. 语用预设与认知语境

在明示—推理交际中,说话人示意的目的,就是使听话人明确说话人某些假设显映的意图。这么多的"语境",究竟哪一个最符合交际意图呢?这就要在众多认知语境中去寻求"最佳关联"。认知语境是在话语理解过程中不断选择的结果,因此,在关联理论中,语境在交际过程中不是固定不变的常项,而是在不断变化着的一个变项。语用预设的推断只能是交际者双方都在认知语境中寻求关联性,大脑中经过一番关联性的假设并调整了双方之间共有的认知语境,认知语境是语用因素在大脑中内在化、认知化的结果。

传统的语境概念几乎是一个包罗万象的范畴,涉及到语言的知识、语言的上下文、相关的世界知识、交际的社会文化知识、交际的时间地点、交际者、说话方式等情景因素。传统的语境理论所涉及的范围过于宽泛,且是一种静态的语境观。人们不禁会问:这么多的语境因素在言语交际中是怎样起作用的?是都起作用还是部分起作用呢?在这一点上,关联理论的认知语境观和动态语境观做出了令人信服的解释。关联理论认为,在语言交际中,听话人对世界的假设以概念表征的形式储存在大脑中,构成用来处理新信息的认知语境。在语言交际的过程中,对话语理解起作用的是构成听话人认知语境的一系列假设,而不是具体情景因素。在关联理论中,语境被称

为认知环境,它由三种信息组成:逻辑信息、百科信息和词语信息。认知环境是一个人的心理结构,一个假设集,这些假设在一个人的心理可以表征,并且当成真实予以接受。也就是说,一个人的整个认知环境或整个认知语境是他能够感知或推理的所有事实的集合——所有这些事实对他都是明示的,因而赋予了语境的动态特征,或称为动态语境观。

2. 语用预设与明示——推理交际

关联理论认为,在语言交际的过程中,话语理解涉及到两类信息的结合和运算:由话语信号建立的新假设和在此之前已被处理的旧假设或语境假设。在交际过程中,说话人所提供的假设或信息不但应该是新信息,而且还要能改变听话人的语境假设,也就是说能够产生语境效果;只有产生语境效果,表达新信息的命题才能相关。语境效果包括三种情况:新信息与旧信息相结合并产生语境暗含;新信息加强旧信息;新信息排除旧信息。在语言交际过程中,随着话语信息的发展,听话人提取或建立起一系列的假设,并对它们进行处理,从而形成一个逐渐变化的认知背景。在话语的理解过程中,新信息被处理后就会成为认知语境中的旧信息,使认知语境不断扩大或充实,供下一个新信息的处理使用。

交际涉及到两种模式,即代码模式和推理模式,前者是静态的,后者是动态的。语用预设作为一种交际形式,是一种明示——推理交际,只是其过程更为复杂,因为它涉及到说话人和听话人的相互认知交际和明示推理过程。关联原则对于语用预设想传达什么以及如何传达都起到了很大的制约作用,就是说,语用预设试图传达的是那些与听众有着足够关联性,即能够产生语境效果的部分。

说话人在明示,听话人在推理,双方在互动的认知语境中建立起了交际关系。尽管语用预设在许多具体的语境中十分隐蔽,但我们还是可以不断地调整认知语境去进行推理,寻求话语的关联性,从而推导出话语中的语用预设。

3. 语用预设与关联性期待

从语用的角度来看,语用预设是认知关联的结果。

第一种类型是,一句话的命题跟前一句话所提供的语境假设相互作用,产生语境暗含,加强了旧信息,或取消了旧信息,那么这样的语用预设就产生于交际参与者对话语关联性的追求,是认知关联的结果。可以借用关联理论的关联度来说明这一点:关联度越大,语用预设越明显;关联度越小,语用预设越隐含。

第二种类型是,一句话对决定另一句话的内容起了作用。关联原则使听话人有权相信说话人话语中所隐含的语用预设为真。因此,从关联理论的角度来看,语用预设涉及听话人在交际过程中的认知推理和心理运算。语用预设产生于交际参与者对话语关联性的寻求。关联理论认为,人们在交际过程中期待产生一个最佳关联性,即听话人在话语理解时付出有效的努力之后获得足够的语境效果,这就是关联理论的一个关键概念"关联原则——每一个明示的交际行为都应设想为它本身具有最佳关联性"。

关联是一个认知概念。人类认知是以关联为取向的,每一个明示的交际行为一开始就要求对方加以注意,而听话人只会关注那些与自己有关的信息,即那些不需要付出太多努力就会丰富自己语境假设的信息。这正与关联理论中的关联原则相对应:a.关联的第一原则(认知原则):人类认知常常与最大关联性相吻合;b.关联的第二原则(交际原则):每一个明示的交际行为都应设想为它本身具有最佳关联性。前者与认知有关,后者与交际有关。第二原则以第一原则为基础,第一原则对第二原则产生导向作用。最大关联性就是话语理解时付出尽可能小的努力而获得的最大的语境效果,而最佳关联性就是话语理解时付出有效的努力之后所获得的足够的语境效果。人类认知往往与最大关联性相吻合,因而交际只期待一个最佳关联性。

最佳关联的确定必须依据语境效果和努力处理这两个不确定的然而又互为制约的因素,必须以符合关联期待为条件。判断话语是否具有关联性的根本依据是新信息、旧信息与现有认知假设构成的语境之间的互动关系。交际就是明示过程与推理过程不断交替进行,并以获取最大关联为目的的言语交流行为,在说话人的明示的制约下,听话人顺其导向寻求最大关联。关联性是语言因素和非语言因素(如常规关系、心理因素等)共同作用的结果。

语用预设具有独特的语用和认知功能,它是语言因素和非语言因素共同作用的结果。语用预设的运作机制就是关联性的寻求,它涉及到大脑机制的认知推理运算,语用预设是一种明示——推理交际,它的推理过程是一种交际双方认知语境假设的参与。从这种意义上说,语用预设的言语行为实际上就是一种认知推理过程,它依赖于动态语境中的动态推理。尽管在很多具体的语境中,语用预设非常隐蔽,关联性不明显,关联度不够,但是我们完全可以根据认知语境的不断调整,付出更多的认知努力来加以推导和理解,而这种多付出的努力必然会带来语境效果的丰厚回报,从而使我们更好地理解语言和进行言语交际,更好地领略语言的魅力。关联性是言语交际中的关键因素,由认知努力和语境效果两个变量决定,这对话语的理解有很强的解释力,理解语用预设的过程也就是对关联性的寻求。

从关联理论的角度看,语用预设的理解具有以下一些重要特征:(1)语用预设的理解就是认知关联性的寻求:关联度越大,语用预设越明显,关联度越小,语用预设越隐含;(2)语用预设具有语境多维性的特征:在具体的语言环境中,一个话语可能有多个预设,一个预设也可能有多重含义,语用预设是认知关联的结果;(3)语用预设既是一种刻意言谈,也是一种随意言谈,它体现了话语的命题形式与说话人思想的命题形式之间的相似性;(4)语用预设在具体的认知语境中是变化的、不确定性的,是认知语境搜寻的结果,是说话人明示、听话人推理的不断互动的结果。

我们对语用预设在认知语境中的特征和理解进行了研究,从新的角度诠释了预设的功能、特征等,为预设的研究提供了新的视角。语用预设产生于交际参与者对话语关联性的寻求,常常涉及到说话人和听话人的背景知识、语用意图。在具体的语言环境中,一个话语可能有多个预设,一个预设也可能有多重含义,语用预设是认知关联的结果。

二、语用预设的语篇评价功能

语言研究只从结构和功能出发是不够的,还需要赋值语义的研究,即研究说(对)话者通过语言赋予语言对象的价值意义。Martin 的评价系统理论正是这样的一种尝试,该理论近年来在学术界产生了很大的影响,已经引起了语篇分析学界的广泛关注。

语用预设,或称"前提",是指那些对语境敏感的、与说话人(有时包括说话对象)的信念、态度、意图有关的前提关系。语用预设的几个主要特点:①单向性;②主观性;③隐蔽性;④信息凸显性;⑤认知多维性。语用预设的这些特点与近年来语篇研究的热点——语篇评价系统研究在很多方面有交叉之处,语用预设的隐蔽性与隐性评价机制是完全吻合的。目前,虽然没有关于从语用学角度考察评价的系统性研究,但不少学者都肯定了评价的语用特性。

（一）作为评价手段的语用预设

评价系统包括三大次系统：介入、态度和级差。它们又分别次系统化。介入系统指语言使用者利用介入手段调节其对所说或写内容所承担的责任和义务，可次系统化为自言和借言。态度系统指心理受到影响后对人类行为、文本或过程及现象做出的判断和鉴赏。该系统又分三个子系统：判断系统、情感系统和鉴赏系统。级差系统分为语势和聚焦。另外，语势和聚焦又可再次系统化。

评价是语篇中普遍存在的一种语言现象。评价意义是指语言使用者对有关事件、人物以及话语所持有的态度、立场、观点和情感。评价意义有助于我们解释语言使用者所代表的团体、机构、组织、社团的价值观念和道德标准。之所以评价本质上是语用的，就是因为作为语言符号的评价总是存在于特定的语境中且体现着评价者的意图。基于这样的观点，语用预设也是一种评价资源和手段，它在具体的语境中具有明显的评价功能。朱永生、苗兴伟认为语用预设具有以下基本特点：（1）语用预设是由词汇手段诱发的隐含命题，它传递发话者对受话者知识状态的假设；（2）语用预设可以决定一个句子或语段在某一特定语篇语境中的适宜性；（3）从信息结构的角度看，语用预设是为语篇信息的流畅服务的；（4）作为交际过程中的背景信息，语用预设为交际双方所共有。从评价理论的视角看，在具体的语境和语篇中，语用预设具有：（1）主体的介入功能；（2）隐性信息的激活功能；（3）对他者的负面或正面评价功能。这些都反映了语用预设的主观性，具有明显的评价功能。评价渗透于整个语篇，预设也同样渗透于整个语篇，没有预设，语篇的信息也不可能发展。这也进一步说明，语用预设不仅是一种语言现象，一种重要的语用策略，而且也是一种重要的语篇评价资源。

（二）语用预设的语篇评价功能

1.语用预设的介入与语篇的构建

评价意义主要通过"评价词汇"来体现，评价语言使用者的意识形态，有些词汇主要表达人的情感和态度，包括态度性形容词、名词性词组、评价性副词等。人们不仅说话给别人听，而且也听别人说，在这个意义上说，语言使用是一种互动行为，是人与人之间互相影响的过程。评价系统的中心是"系统"，焦点是"评价"，语言在该系统中是"手段"，透过对语言的分析，可以评价语言使用者对事态的立场、观点和态度。

评价系统沿袭系统功能语言学理论的范式,主要以词汇层语义为中心来研究文本。它包括三大子系统,即介入、态度、级差。在这个系统网络中,介入子系统是说(写)者表达态度的主要手段,可次系统化为自言和借言。自言意味着语言使用者的主观取向,借言意味着语言使用者的客观取向。所谓自言,意味着排除对话性,没有投射,语言使用者直接"介入"事态,我们称这种介入为"主观介入"。所谓借言,意味着"对话性",对话性有显性对话性和隐性对话性。

语篇预设是作者或说话人所进行的一种复杂的宏观推理活动,其结果就是呈现在我们面前的纷繁复杂、多种多样的语篇。作为读者或听话人的我们所要做的,就是反方向推断作者或说话人通过语篇向我们传递的信息。高彦梅将语篇预设分成语篇内预设和语篇外预设两种。语篇外预设因素包括说话人因素、听话人因素、语篇形式因素、交际环境等,语篇内预设包括指称预设、关系预设、人际预设、信息预设等。

2. 语用预设的态度与情感

所谓评价,就是评估篇章中所协商的各种态度,所涉及的感情的强度,以及作者是以什么方式把价值归属于源头,是以什么方式与读者结盟。语篇分析不仅要分析概念意义,还要分析人际意义。马丁和怀特把经历情绪变化的有意识的参与者称为"情绪者",把激发某种情绪的现象称为"触发物"。他们认为区分情感时可以考虑下列六种因素:(1)是正面的,还是负面的;(2)同时附有外在动作,还是单纯的内在状态,即是心理的还是关系的;(3)是针对某个特定触发物,还是一般性的、没有任何针对性的;(4)感情的强烈程度;(5)有主观意图,还是单纯被动反应;(6)按照情感内容分类,是幸福、不幸福,安全、不安全,还是满意、不满意等。按照马丁和怀特的观点,情感是情绪性的,是对行为的反应;判断是伦理性的,是对行为的评估;鉴赏则是美学性的,是对现象的评估。在新闻语篇中,作者就会充分利用语用预设这一语用手段来预设自己的观点,表达自己对这些事件或政府行为的态度,这些社会判断和社会道德的态度词汇充分表明了作者的态度与情感。

3. 语用预设的隐性评价与语篇基调

朱永生指出:自从马丁和怀特提出评价理论以来,国内外发表了大量有关评价的功能和体现方式的著作和文章。这些著作和文章把人际意义的研究从语法层面扩展到词汇层面,从而丰富了韩礼德的系统功能语言学理论。

然而,这些研究至少有两个局限性:一是主要从人际的角度研究评价,对概念意义等其他角度没有给予足够的重视;二是把主要精力用于显性评价研究,忽视了隐性评价的讨论。"通过现象看本质",我们知道,显性的评价有明显的语言标记,因而比较容易识别;而隐性评价成分通常隐含在对事物所做的所谓客观描写之中,因而不太容易分辨,需要读者具有较高的语言敏感性和较强的语境知识激活能力。所谓隐性方式,就是指通过使用那些貌似中性但隐含评价意义的成分和句式而不是那些明晰的话语标记来表达评价意义。朱永生认为,解读隐性评价意义需要以下三个条件:(1)语言敏感度;(2)语境知识激活能力;(3)读者的姿态。任何人要解读隐性评价意义,就不可能以一个超然的旁观者身份观察话语,而必须作为一个积极的参与者角色介入话语,因而具有很大的主观性。

评价意义是动态的,评价性手段的分析应该实行语境化,不能忽略社会、认知和上下文语言环境对评价意义形成所起的作用。评价意义取决于人们的解读和诠释。正如马丁和怀特所说,它们是情感、判断和鉴赏的选择资源。评价不只停留在语言的表层意义上,而是通过表层意义影响深层的意义取向。评价应该是意义、形式和策略的统一,在语义、语法和语用三个层面有机结合。语用预设对语篇的介入,主要通过显性的手段(如态度性词汇)和隐性的手段(如语境信息等)来影响和制约语篇信息的发展和语篇结构的构建,从而具有明显的语篇组织功能。

第四节　认知视角下的语用预设研究

一、认知参照点与语用预设

(一)认知参照点与语用预设

语用预设具有独特的语用和认知功能,它是语言因素和非语言因素共同作用的结果。语用预设的运作机制就是认知参照点的寻求,它依赖于语境中的各种动态因素。

作为组织原则之一,认知语言学声称语言结构的非自主性,基本的认知能力和经验性的派生的认知模式有直接的、可信的语言关系,反过来说,语言结构为有关基本的心理现象提供了重要的线索。认知参照点对于语言学和认知组织来说都是最基本的关系。概念主体使用认知参照点来建立心理连接。正是因为一个物体某一部分的突显,这个物体才被选择成为认知参照点。认知参照点的功能表明,一个概念必须首先被激活,然后才被人们认为具有服务于那个概念的能力。认知参照点始终是动态的,同时认知参照点是独特的,对我们的心理经验来说是基本的。在我们的心理经验方面,认知参照点的功能是基本的和有说服力的,它存在于概念和语法组织的多层面上,甚至存在于一个简单的表达法中。人们利用认知参照点来建立起一个概念和另一个概念之间的心理联系。

概念化的主体,也就是人,把一个想象的实体用作参照点,用一个词来建立与另一个实体的心理接触。Langacker 提出另一个与语言结构密切相关的认知能力:参照点结构。他认为,这种能力可使我们唤起一个实体,并把它作为认知参照点,建立与另一个实体(目标)的心理接触。这个原则对语用预设具有较强的解释力:

(1)语用预设是寻求认知参照点的结果。认知参照点是认识和理解语用预设的出发点。

(2)说话人基于某一认知参照点,围绕这一认知参照点继续会话,进行论述,这一认知参照点就为语用预设的理解提供了线索。只要抓住了这一线索,语用预设的理解便迎刃而解。

(3)语用预设在具体的语境中是动态的、变化的、不确定的。认知参照点是确定语用预设的最佳方式之一,这与语用预设的属性是一致的。

认知参照点与语用预设之间可能有三种情况:一是语用预设与认知参照点重叠,二者完全对应等同;二是语用预设部分等同于认知参照点,认知参照点大于语用预设;三是语用预设大于认知参照点,认知参照点部分等同于语用预设。本研究将从心理路径、预设触发语的运用、自认知参照点抵达预设等几个方面加以论述。

1. 认知参照点与预设的多维性

自然语言中的言语交际是一个充满变数的过程。其一是因为交际双方的心理认知状态是变化的;其二是随着交际的进展,双方的认知域也会不断扩张、不断调整,新的信息不断被吸收,某一个命题的陈述在下一个命题陈述时就已经变成了旧信息。这样双方都不断地为进一步的话语提供新的基础或新的预设,从而使交谈合理地发展。因此,预设的动态性也是显而易见的。在参照点控制目标这一概念化的前提下,概念化的主体在心理上遵循了一条从参照点到目标的路径。

2.认知参照点与预设的隐性特征

在言语交际中,人是认知的主体,预设只是一个依存于说话人的设定概念,而预设的设定和对预设的理解主要依靠交际双方的心理活动、经验和认知推理等。语用预设是发话者的一种心理认知状态,往往隐含在话语的字里行间以及发话人的心理状态中,因此,语用预设的隐含性是显而易见的。认知参照点现象在我们的日常经验中非常基本和独特,我们在很多情况下觉察不到它。这样的语用预设的信息空缺是语言的经济性表达使然。

人们主要是通过自己的主观视角来确认一个语义域和较为突显的事体,这时必然要涉及到人的主观因素,不同的人可能会有不同的选择,但一般说来越是突显的事体就越容易被视作参照点。一旦通过参照点确认目标体以后,参照点既可能退为背景,也可能成为新突显体,还可能成为其他目标体的参照点,因此该原则具有动态性,这与语篇信息具有流动性是一致的。概念原型指的是一些具体的物理实体以及一个物体的空间运动等等,概念原型本身其实蕴涵着这样一个场景概念:在一个场景里有处于某一位置的参与者,参与者之间存在互动,但这仅仅是从占据某一位置这一意义上来说的。

语用预设的缺失,指的是语用预设在具体的语境中语言形式的缺少、语言标记的不明晰的情况,它同样也反映了说话人的元语用意识,同时也制约着我们对语用预设的理解。从认知的角度讲,预设实质上是一个认知过程,是作者或说话人创造语篇之前和创作过程中对自己的交际目的、对自己的交际对象、对语篇传输方式等所做出的认知推断。语篇预设是作者或说话人所进行的一种复杂的宏观推理活动,其结果就是呈现在我们面前纷繁复杂、多种多样的语篇。作为读者的我们所要做的,就是反方向推断作者或说话人通过语篇向我们传递的信息。高彦梅将语篇预设分成语篇内预设和语篇外预设两种。语篇外预设因素包括说话人因素、听话人因素、语篇形式因素、交际环境等,语篇内预设包括指称语用预设的认知语用研究预设、关系预设、人际预设、信息预设等。

3.认知参照点与预设的动态性

动态性与时序性是概念结构固有的基本特征。概念化的过程是动态的,它随时间展开及发展。预设的转移与预设的一般流向不同,它指的是在具体的语境中,说话人可以根据语境进行调整,可以将语用预设进行转移,可以对说话人或听话人的语用预设进行改变、调整和转移。在具体的语言环境中,一个话语可能有多个预设,一个预设也可能有多重含义。

二、语用预设的复合空间理据

语用预设具有以下几个特点:①单向性。单向性是针对语用预设本身而言的,在被听话人处理之前它只相对于说话人而存在。②主观性。语用预设是带有断言性质的语境假设,本身并不具备必然的真实性或正确性。③隐蔽性。预设部分常常是隐含性的,如果不留神就会把说话人预设的"断言"看作是真实的而加以接受。

预设是一种潜在的已知信息,是交际双方共同认可的背景知识,曾被认为是"难以捉摸的概念","难下定义是出了名的"。以认知语言学中的一种理论——复合空间理论来研究预设,以期对预设的研究有所裨益。

1. 复合空间理论简介

复合空间理论是一种概念复合模式,是建立在类比、递归、心理模式化、概念类聚、知识框架等心理活动基础上的一般认知操作过程,是认知活动中的一种普遍形式,能够有效地解释动态的、随机的、模糊的思维认知活动。它是一种以虚拟的心理空间来解释词际、句际语义关系的认知语言理论。

在语境构建话语意义的过程中,为了正确把握蓄意表达含义,听话人不仅要完成对编码化语法信息的破译,而且必须根据语法指令即时在线建构相应的心理空间——一个说话人在思考或谈论已知、想象、过去、现在或将来情形时部分的、类似于物理空间的现时思维表现结构。由交际双方以相同的语言、语用数据为原材料进行认知加工而产生的类属心理空间的大致匹配,是交际顺畅、通达的前提条件。

心理空间就是由语言结构表达的思维或心理构造物,它们由空间内所涵盖的各种成分及其相互之间的各种关系构成,一个心理空间可衍生出一个或多个不同的子空间,也可以与其他心理空间在概念层面上进行概念整合,从而形成心理空间的多维性或复杂性,意义的获得从某种程度上讲就是对心理空间及其类属关系的洞识。

那么,不同的心理空间是如何产生相互关联的呢? 在复合空间过程中,需要寻求的是两个不同认知域的输入空间和一个经过类比认知建立起来的类比空间,以及一个复合空间。输入空间中的成分和结构有选择地进入复合空间,形成一个在一定程度上区别于原有输入空间的概念结构。

人们又是如何在不同的空间里进行认知处理的呢？Fauconnier &Turner (1998)认为,人们在构建复合空间时,普遍遵循着六条最优化原则。

①整体优化原则:要求在新的复合空间的各种成分融为一体,是一个完整的意义单位。

②拓扑结构原则:复合空间里的各种成分必须保持原输入空间里相关成分的特征。

③网络联系原则:不同的输入空间里存在的映射关系可以投射反映到复合空间里,它能使复合空间里的概念内容得到有效的延伸。正是这条原则打通了复合空间和其他空间的联系。

④意义解构原则:一旦使用者被给予了某一复合空间,他就能通过某类知识的概念结构对其他空间的内容做出推断,以寻求对复合空间的理解。

⑤充足理由原则:凡是进入复合空间里的相关语义成分都必须服从复合空间的目的和功能,与此相违背者,不能进入复合空间,也可称为过滤原则。

⑥转喻压缩原则:输入空间的某些成分往往通过转喻等压缩手段进入复合空间,而不必在复合空间里塞入某一输入空间的所有相关成分。

复合空间理论以心理空间关系为手段,揭示语言结构中的相关信息,说明语言使用者如何分派和处理语言结构的指称关系。和语用学相比,复合空间理论吸取了前者在方法论上的优势(即重视语境的作用),又能从简单的空间结构关系入手,以简驭繁,符合人类认知和认知发展的规律,在研究预设方面更加简单、更加直观,也更具有说服力和解释力,可以用来解释多种语言现象。复合空间理论可以为预设的研究提供一个新视角,在语用预设的流向、预设触发语、预设的转移、预设的投射等方面具有较强的解释力。

2.语用预设的认知视角

对预设的研究最初起源于哲学界。20 世纪60—70 年代,随着语义学的发展,预设引起了语言学界的关注,语言学家把它作为一种语义关系来研究;后来,语用学又介入其中,重视预设对语境的依赖关系,把预设与说话人、听话人联系起来,赋予预设动态特征,这是预设研究的一大进步。但是语用学也不能很好地解释预设的投射、触发与转移等现象,有其自身的局限性。

三、语用预设主观性的认知识解

近年来,随着认知语言学、功能语言学的发展,语言主观性的研究受到了学术界的重视。语言的主观性是指语言的这样一种特性,即在话语中多多少少总是包含有说话人"自我"的表现成分,也就是说,说话人在说出一段话的同时,也表明了自己对这段话的立场、态度和感情,从而在话语中留下自我的印记。没有主观性的语言学应该是一个悖论。主观性的取向依赖于必要的语境、社会和文化知识,这是交际的互动需要,而不仅仅是语言系统知识的需要。

综观国内外的研究,语用预设的研究尽管成果颇丰,但是近年来取得的进展并不大,原因恐怕在于现有的研究视角单一,主要局限在语用学的范围内。有的学者认为应该拓宽主观性的研究范围,从认知的视角研究语用预设是一种新方法。

(一)语言主观性概述

语言主观性通常从说话人在语言发生中所起的作用的角度来定义,从特定观察者、说话人等的角度来解释。Langacker(1990)从共时的角度出发,关注认知主体如何从一定视角出发来"识解"一个客观场景,以及说话人采取什么结果形式来表现主观性。识解的最基本模式是观察主体完全独立于被观察对象。主观性指的是这样一种方式,自然语言在其结构和通常的运作中,为言语行为主体提供了他自己的态度和信念的表达法。当代英美语言学、逻辑学和语言哲学被一些持有这样的知识偏见的人所统治,他们认为语言不是唯一的,只是命题思想的一种表达法。

认知语言学中,视角是一种认知识解机制,是人的基本认知机制之一,是概念形成的基本认知操作模式,指概念化过程中概念构建者对概念化实体所采取的认知角度。认知主体可以从不同的视角对同一情境加以识解,从而得出不同的感知效果。

我们知道,说话人在说话时会根据意义的需要选择恰当的语言表达手段,这样的语言手段反映了言者的心声,很多时候,说话人通过不同的角度来过滤信息,表达个人的情感。这样的语言选择实际上已经偏离了客观意义,语言的主观性是显而易见的了。语言的特殊视角的形式主要包括反身代词、指示语以及空间方位词语。

从上面的研究我们可以看出,语用预设的主观性是非常明显的,语用预设主观性体现的几个方面可以说是互相交织的,这样的分类只是为了讨论的方便。在具体的语境中,说话人可以根据自己的交际意图恰当地采用语用预设来实现自己的交际目的,来体现自己对所说内容的主观态度、立场、情感和独特视角。这也说明语用预设不仅是一种语言现象,更是一种特殊的语用交际策略。听话人也应该根据语境因素来推导说话人的主观态度,更好地理解说话人的话语意义,以使交际更加顺利地进行。语言中语用预设明显带有主观性色彩,主观性普遍存在于语用预设之中,语用预设这种说话人的自我表达明显地带上了说话人的主观印记。因此可以毫不夸张地说,没有主观性的语用预设是不存在的。这也进一步印证了这样的观点:语言是人类存在的家园,语言是意义的载体,人通过语言认识世界、表达世界。主观性的基础是由人的语言身份来决定的,语言主观性是人的本真的体现。同时,语言的演变规律是客观性逐步淡化,主观性不断增强,其表现在:(1)状态:由具体运动到心理扫描,到表程度修饰,再到更为泛化地表强调;(2)焦点:不断虚化,由运动主体到对实体的选择,到对其选择的主观理据性,再到强调话语本身;(3)域:由物理域到心理域,到程度域,再到强调域;(4)力、能量的发源地:由运动主体逐步到概念化主体(文旭,2008)。语用预设主观性涉及的面很宽,有待进一步研究。

传统的观点认为,语用预设是语言现象中确定无疑的、言语交际双方都知道的共有的背景知识,这样的观点值得重新认识。从以上的论述分析来看,语用预设并非都是这样一种情形,在很多具体的情况下,也有说话人个人的语用预设而听话人事先并不知道也不能理解,这样的语用预设是单向性的,其主观性非常明显。语用预设不仅是一种语用现象,更是一种语用策略,充分反映了说话人的主观性。可以毫不夸张地说,没有主观性的语用预设是不存在的。从语用预设表达说话人的主观思想、说话人预设中的评估性、说话人的说话视角等几个方面论述语用预设的主观性特点,此论述也表明了语用预设在具体的语境中的动态性、不确定性等特点,这也从反面证明了语用预设的主观性,从而进一步印证了语言主观性普遍存在的道理。

语用预设的研究必须突破现有的研究范式,必须吸收新的理论,才有可能取得更大的进展。黄衍指出,从跨语言的视角来研究语用预设才能更好地理解语用预设。同时,语用预设可以通过语言的各个层面体现出来,因此本研究还是初步的,还需要进一步深化,这一问题也需要进一步探讨。

第三章 隐喻认知语用

第一节 隐喻认知语用的哲学

一、理性主义的隐喻认知语用观

从中世纪起,基督神学思想和经院哲学在欧洲的逐渐发展,使理性主义在语言学研究中处于主导地位。自17世纪笛卡尔开创唯理论以来,弗雷格、罗素和他的学生维特根斯坦创建了分析哲学,将数学逻辑的方法应用于理想语言的构造和分析,形成了语言逻辑学。维特根斯坦认为可以通过"逻辑图像"摩画世界,维特根斯坦的"图像理论"类似于柏拉图的语词图像说。维特根斯坦的"图像理论",与隐喻认知的意象、图式、原型范畴相关,家族相似论、图式论等观点,使唯理论从语言逻辑学渐渐发展到对心智的研究,出现了认知倾向。

认知语言学(包括隐喻认知)发端于乔姆斯基大旗之下的生成语义学。乔姆斯基的转换生成语法是"第一代认知语言学",注重语言机制的心智研究,而心智是先天的。同属这一阵营的莱考夫、麦克考利以语义为起点,把句法接口的语义拓展到广义的包容语用的语义,发展了隐喻和语言认知的学科研究。由此看来,隐喻认知的语义实质上是语用,从开始就具有先验性。

维特根斯坦在后期研究中,也发生了语用和认知转向。在《哲学研究》前言中,他清楚地认识到,语言意义的概念与理解、思维、意向、意指等心智概念密切相关,重视语言的使用(语用)。《哲学研究》建立的是概念的解释体系,例如,意义和指称理论、家族相似论,探讨私人语言等等。

沿着维特根斯坦逻辑学开辟的道路,奥斯汀在20世纪50年代,建立了言语行为理论,融合了实用主义的观点(言后效果)。奥斯汀的学生和后继者塞尔建立了系统的言语行为理论,认为隐喻是为了达到某种意图而采取的一种间接言语行为,在此基础上建立了隐喻联想理论,并与他人合作建立了语用逻辑的分析理论和分析方法。

二、经验主义的隐喻认知语用观

17—18 世纪自然科学的发展为近代经验主义提供了良好基础。经验主义者认为人类知识起源于感觉。经验主义分为温和经验主义与激进经验主义。温和经验主义代表人物有弗朗西斯·培根、约翰·洛克、大卫·休谟，他们的研究,如约翰·洛克的白板说也给先验留足了空间。大卫·休谟关于因果关系的认识论的讨论直接影响到了语言符号学中的意指性理论。在认知方面,约翰·洛克采取了类似于近代心理学的方式,他把一切知识归结为观念,而一切观念又被分析为简单观念。他认为语言的最根本作用是作为人类社会联系的工具、公共纽带,体现了语用学的思想。弗朗西斯·培根依据实验科学,强调把感性和理性结合,强调对语言进行经验性研究。他所采用的实验和分析方法被应用到普遍哲学研究中,产生了实证主义。

莫里斯明确指出,语用学是对"实用主义"这个词的有意复制。皮尔士把"实用主义"追溯到康德对三类行为的论述,其中包括实用行为。在行为主义思想的基础上,莫里斯创立了行为主义的语用学理论。在后实用主义时期,"言语行为"理论和"会话含义"理论在塞尔、格赖斯、莱文森、霍恩和威尔逊等人这里得到了整体发展,他们提出在理解含义和隐喻时,强调从它们产生的语境或意境效果、语体效果搜索恰当的含义,具有实用主义倾向。

体验主义属激进经验主义,同时融合了神经科学。莱考夫的语言神经理论通过对"grasp"一词的介绍,说明了概念在神经学上的形成机制,进而说明推理的形式与大脑的网络结构相一致。莱考夫和约翰逊指出:"概念是通过身体、大脑和对世界的体验而形成的,并只有通过它们才能被理解。概念是通过体验,特别是通过感知和肌肉运动能力而得到的,人们在经验和行为中形成了概念和范畴,语义与此同时形成。"感觉、知觉、表象等神经加工过程无法被意识到,大部分推理也不能被意识到,而隐喻性的推理使得抽象的科学论述成为可能,哲学也基于隐喻。

体验主义把语言和隐喻研究引入了神经实验语言学,产生了认知语言学和隐喻研究的认知转向,其实是语言在神经学中的语用。隐喻认知语用研究融入了实用主义的"言语行为"。行为主义主张的 S－R 心理学,属早期结构主义的意识元素分析的构想,在性质上属还原论取向。他们主张将复杂的行为还原到生理基础上,试图从大脑的神经功能和心理去寻求言语行为的根本原因。神经生理传导的感觉虽是客观的,但经感觉转化为知觉、表象、概念反应等复杂的神经心理运算却是主观的,要对感觉的信息予以选择、组织、概括、抽象,须借助于理性的逻辑思维。

但基于体验哲学和还原论的隐喻认知语用性仍然问题重重,如范畴中心成员的确定问题,某些抽象概念如量子力学基于什么体验,难道都是通过隐喻建立起来的? 认知语言学强调的是"现实—认知—语言"的单向过程,它否认先天综合判断、时空的先天范畴,因此否定了康德的先验范畴,其实推翻了语用的四原则,进而否定了关联理论。

三、隐喻认知语用的先验观

康德的先验哲学思想经历了从唯理论到批判唯理论的转变,逐步脱离唯理论,接近经验论,但最终没有选择经验主义,而是在唯理论和经验论之间另辟蹊径,开辟了先验哲学的新路径。康德又认为,人类经验的形成必然带有人类心灵的自在特征,提出了由先天理性(形式)和后天经验(质料)相结合的综合命题。"哥白尼革命"把理性为自然立法,预先用先天范畴所提供的法则来建构对象,并赋予其普遍必然性,而经验是范畴这种先验语法对自然现象加以拼写的结果。康德看到,"包括这些普遍的和必然的法则的科学(逻辑)……就像仅仅包含语言形式而没有其他东西的普遍语法一样"。能够既符合先天的语形规则,又能够与直观对象相关联获得语义意义的唯一有效认知表征方式,只能是图式,图式架起了感觉和认知之间的桥梁,而正是图式、意象图式,成为隐喻跨域映射的基础。这里的先验图式就是时空的先验规定,因为时空是纯直观的先天形式条件,不掺杂任何经验的规定,图式的作用就是提供一个纯粹概念的图景。空间是外感官的形式;而时间是内感官的形式,是意识直接感受到的现象。空间的纯直观性使得几何学的先天综合判断成为可能,是图式概念的理据;时间的纯直观性使得代数学的先天综合判断成为可能,是数理逻辑和语言逻辑的基础。时间和空间域是认知的两个基本域,从中可派生出颜色、感觉和快乐等心理域,这些域的联系依赖于莱考夫认为的意象图式,如容器图式、中心—边缘、部分—整体图式之间的转喻或隐喻关系实现。于是,柏拉图美的原型可解释为空间域,美的音乐就是声波在域中的排列空间域是先验的,从没学过音乐的婴儿能随之舞蹈。莱考夫的隐喻观与康德的图式理论相契合,始源域的图式投射到目标域,使新的概念获得了始源域的空间的物质经验。映射是跨域投射,和另一语域中的语境发生作用,本质上是语用的。空间存在并列、组合、部分和整体等量的关系,在"三大批判"中,康德从先天综合判断出发,通过先天逻辑演绎,推导出"量、质、关系和方式"四大概念范畴,为后来语用学的合作四原则奠定了理论基础。康德的语言图式理论,对言语行为图式颇有启发,按加德纳的说法,康德进入了"心智表达"的世界。

从康德的四大概念范畴出发,格莱斯提出了语用学的合作四原则,新格莱斯语用学家莱文森、霍恩把它发展成三原则、两原则,斯波伯和威尔逊从认知和交际角度把它归纳为关联原则。关联原则使用空间关系的先天综合判断,再寻找相应的具体原则、语用图式对观察到的话语现象如隐喻加以解释,是还原论或解释学在语用学上的具体表现。

第二节　隐喻认知语用本质及其类型、特征、功能

一、隐喻认知语用本质

关于隐喻本质,存在两种观点,一种是以莱考夫为代表的认知论,认为"基本隐喻"普遍存在于各种领域的思维中。隐喻认知观强调认知主体的心智加工过程,主要是针对"常规隐喻"的认知语义观,强调的是认知的普遍规律,以人类普遍的涉身经验为基础,提出的理想认知模式(ICM)不受文化、语境和个体的影响。

隐喻不仅是人类的一种基本的思维方式,也是一种言谈方式。隐喻本质上是通过另一类事件来理解和经历某事件的思维方式,是主体在两个认知概念域之间建构的系统互动关系。概念域之间的映射包括语用文化因素,隐喻意义的建构离不开主体参与,交际双方在话语协商中需经过再语境化作用才能达到意图表达和交际效果,完成隐喻意义的产生和理解,属于"话语隐喻",是"概念隐喻"理想模式的实例化、个体化实现。而且,自下而上,隐喻构成一连续体,基本的"概念隐喻"可以组成更高层的"事件结构隐喻""语篇隐喻""大存在链条隐喻",后者构成前者的语境和语用模式。再者,隐喻在不同语域中表现出"延伸隐喻"的文体特征,"非常规隐喻"如"诗性隐喻""寓言隐喻"等是"基本隐喻"的延伸,其"新奇意义"由"基本隐喻"经过整合、完善、拓展而产生,属"文体学隐喻"。隐喻的认知文体观,尤其是隐喻的叙事观,透视出隐喻的本质,因为叙事也是人类认知的一种基本思维方式。

二、常规隐喻与非常规隐喻

基于不同的分类标准,隐喻可分为不同类型。莱考夫(1980)从认知和思维出发,认为隐喻构成概念,将概念隐喻分为实体隐喻、方位隐喻和结构隐喻。根据喻体的不同语域来源,即从隐喻的语用出发,同一概念隐喻可以是人体隐喻、旅行隐喻、动物隐喻、植物隐喻、疾病隐喻、战争隐喻、建筑隐喻等等,如"人生是舞台""人生是旅行""人生是奋斗"等。隐喻可以在词句章不同语言层次上运作,分为词汇隐喻(如名词隐喻、介词隐喻等)、语法隐喻(如情态隐喻)、语篇隐喻,语篇隐喻又包括独立语篇隐喻、互文语篇隐喻等。

按照语义或语用差异,隐喻分为"常规隐喻"(死喻)和"非常规隐喻",后者是在前者的基础上发展而来的在诗歌领域中的"延伸隐喻"。基本的"概念隐喻"经过组合构成"事件结构隐喻""语篇隐喻",融入了各种社会文化语境。隐喻在不同语域中的语用,构成各种"文体学隐喻",即"非常规隐喻"。

"常规隐喻"的语言学研究认为,隐喻是人类认知的基本方式,研究的是"语言学隐喻"或"日常隐喻"。但"基本隐喻"不能完全解读不同语域中的"非常规隐喻",如"文学隐喻",隐喻认知论需结合逻辑学、修辞学、哲学、社会学、美学、文学批评等语域因素进行跨学科研究。认知从文学批评界面——认知文体学出发,把隐喻图式与叙事结构相结合,在隐喻架构中融入情感、意识形态和美学因素,建构"文体学隐喻"的"文学隐喻化模式",以分析读者对讽喻小说、寓言故事等文体中语篇隐喻、延伸隐喻识解中的认知情感,探讨隐喻美学功能、游戏功能、叙事功能、交际功能和评价功能。隐喻认知也可以和经济、政治、美学、教育、旅游、电影等语域相结合,构成各种"文体学隐喻",还可对经济隐喻、政治隐喻等进行语用认知研究。

三、隐喻认知语用特征

隐喻具有模糊性、多样性、矛盾性等12种语义特征。隐喻在文学、政治、经济等不同语域中有文体特征,表现出以下认知语用特性。

(一)模糊性、多价性、矛盾对立统一性

把莱考夫和约翰逊于心理学格式塔理论的隐喻思维论拓展到文学、哲学和美学范畴进行思考,可以发现,隐喻是认知和非认知的、理性和非理性的双面交互作用。隐喻始源域与巨标域预设具有模糊性、多价性、象征对应性、理性—非理性的对立统一性。对恒常性、单向性原则的违反是取得诗性效果、美学功能的内在动因,这构成了文学语类特有的文体特征,而且,文学

作品中"新奇隐喻"所具有的文体特征词,在其他科学语篇、报刊新闻中少见,表明概念隐喻有文体差异性。

认知语用学认为,文学中的"诗性隐喻""寓言隐喻",既属于"基本隐喻",也具有区别于"常规隐喻"的语境和文体特征,属于"非常规隐喻",表现出模糊性特征。"诗性隐喻"表现为不可言喻性或心照不宣性、新颖性,往往借助于象征手段和意象,通过各自语域的再语境化传达主题。如但恩(Donne)的爱情玄学诗《出神》借助人体隐喻,揭示爱的神秘主题,提出只有灵肉相融的爱情才是真正完美的理想爱情;Wordsworth 的《永恒颂》,以自然界的日月星辰等沉默的意象映射"人生的永恒";艾略特的《思想火花》用时空、旅行、火花、玫瑰隐喻等意象,反复聚集成象征节,组成大链条隐喻,揭示人生永恒的主题隐喻;特别是济慈的《希腊古瓮颂》通过对沉默的希腊古瓮艺术品的视觉美、听觉美的神话叙事,隐喻真善美的永恒。

（二）认知叙事性

毋庸置疑,隐喻具有认知性,但认知究竟有哪些方式？隐喻是用一件事情去理解另一件事件的过程,常常用类比映射方式。"noun A is noun B"是去语境化的理想范式,而隐喻跨越映射和在线整合具有动态性,模式遮蔽了隐喻的动态性特征。反观体现人类生活的时空隐喻,许多是微型叙事,用行动范式"A – ing is B – ing"表达更加合适。因此,隐喻是一种事件场景或叙事过程的投射,即"事件结构隐喻"。莱考夫的是理想认知模式,而隐喻叙事凸显了语境中隐喻的动态性认知语用过程。

"事件结构隐喻"由"基本隐喻"组成,向上由叙事构成复杂的"大链条存在隐喻"。复杂隐喻之间的连接超出了认知范式,文本中隐喻出现的顺序差异及概念隐喻之间动态性连接、整合,决定了隐喻的叙事性质和情感态度表达,会形成不同的主旨和读者反映。其中的隐喻识解是读者在与文本、叙述者、作者的协商中形成情感共鸣和态度评价的过程,在此过程中,理解人物、事件结构、时空关系、价值规约和意识形态,因此,隐喻认知叙事把隐喻识解从认知层面提升到了语用交际层面。

四、隐喻认知语用功能

认知隐喻理论理想认知模式缺乏语用条件,而不同语境中隐喻有文体（语类）特征,隐喻与情景、文体、故事顺序、话轮转换一起作用,形成语境效果,意在实现言语行为和意识形态控制。隐喻除了修辞、认知功能（包括叙事)和语言游戏功能外,还有 6 种与语用交际相关的假说和功能,即生动性假说,表情劝说功能,传递意识形态功能,评价、鉴赏功能。

(一)表情劝说功能

隐喻通过跨域映射,改变人们认识事物的视角,改变思维方式,从而以言行事,借助隐喻言说建构世界,达到劝说目的。隐喻对特定语境中特定语言的选择,隐秘地借助叙事,激发听众情感共鸣,引导人们做出认知判断,提供行动的建议,敦促对行动做出宣告、指令。例如,奥巴马在白宫发表的要求向叙利亚开战的演说中,对叙利亚政府使用化学武器杀害平民场面的描述,使用了阿萨德(Assad)政权行为是"罄竹难书的罪恶暴行"的隐喻;之前对叙利亚发表的声明中使用了"阿萨德的杀戮机器"的隐喻,用"对人类尊严的践踏""对我们的国家安全构成了严重威胁""使与叙利亚相邻的我们的友邦和伙伴国处境危险",激发听众对阿萨德政权的厌恶、愤恨之情,以及对自身安全、社会尊严的威胁,以言指事,劝说国会和美国民众支持对叙利亚的军事打击,实施建议的语用行为,以言行事。

(二)传递意识形态功能

隐喻认知上是用熟悉的经验解释另一陌生经验,将一个领域的词语带入另外一个领域,将人们的注意力引向不同方向,开启理解事物的新视角,引导不同见解、态度,让人们换个角度看问题,从众多的判断中进行筛选,从而为灌输特定价值观和意识形态采取某种言语行为。所以,隐喻在实践中可以被看成一种行为的"模式",或者是一种能概括现象的"真正"性质的"代表性轶事",代表一个民族或社区价值观,起到启发导引的作用,为制定政策、传递意识形态、采取行动寻找到合理视角和理由,具有以言指事(叙事)的功能,为以言行事、成事做好准备。

(三)评价、鉴赏功能

隐喻在用已知的经验理解未知经验的类比中,使人们通过对始源域的评价,获得对目标域的判断,对当前情景中事件的"可能性""可靠性""正常性"在道德上做出"社会尊严"的评判,对"真诚性""正当性"在法律上做出社会许可的裁决,对"创新性""价值"做出"鉴赏性"评价。演讲中,奥巴马说"每个政府都有责任保护它自己的公民,任何对民众施以野蛮行为和屠杀的政府都不配执政。叙利亚当局是通过对民众施以恐怖把持权力。"指出阿萨德政府化学武器的使用,违反了法律上的"正当性",是对国际法的践踏,为美国发动对叙利亚的军事打击找到了法律上的依据。"美国是领导",美国比其他任何国家都更愿意承担"和平、有尊严的生活的权利的责任",维护第二次世界大战后"建立的国际秩序",显示出美国作为维护世界和平、正义的"能力、可靠性",使听众从道义上和法律上对美国发动对叙利亚动武的合理性做出评价,对价值观的评价达到美学鉴赏功能。

隐喻是一种修辞方式,是人类的普遍思维方式,更是一种言谈策略,在具体语境中由主体经过交际协商完成隐喻的产生和理解,是一种认知语用现象。隐喻具有内在构成的层级性,"常规隐喻"理想化模式,在不同语域中表现出文体特征,成为"非常规隐喻",属"文体学隐喻",具有映射模糊性、多价性、矛盾对立统一性特征,语用交际中表现出主体性、主体间性。隐喻层级性,决定隐喻具有认知叙事性,隐喻与叙事结合,构成隐喻的批判性。隐喻的这些特性,通过交际主体间的协商加以建构,达到隐喻的表情劝说功能、评价功能和美学鉴赏功能,从而传递意识形态和价值观。

第三节 隐喻的认知语用机制

在隐喻的跨域认知过程中,语义势必与新语域再语境化,产生语义冲突与乖讹,是形成隐喻的前提条件,而乖讹的消解需要认知机制的作用。隐喻区别于转喻等其他认知过程的特有机制是跨域相似性作用,是一种以意象为中介的类比映射。意象图式成为始源域和目标域类比的基础,而隐喻所激发的意象和语言符号的象似性整合,是认知语用现象中的一种理据。隐喻机制存在于主体内、主体间,通过主体协商才能实现其语用意图。

一、语义冲突与相似性作用

隐喻在用一种体验理解另一种体验跨域映射时,经历了再语境化过程。在新的语境中,原来的语义势必与语境发生冲突,违反常规语义选择限制,发生语义偏离,出现语义冲突。语境冲突可以在互文语境(句子、上下文、文本间)、情景语境、社会文化语境中,构成隐喻产生的基本条件。

隐喻产生的另一个基本条件是相似性作用,"一个好的隐喻隐含着在不同事物中发现的相似性"。从"比较论"到"替代论"再到"认知论",都强调本体和喻体间的相似性。相似性是隐喻两个域之间的认知互动方式的依据,包括物理性相似、心理相似、创造性相似。相似性通过语言符号在思维中创造出意象和图式,把不同的事物和经验相关联,是跨域映射的基础架构、恒常性原则的依据。

如果隐喻的语义冲突产生框架乖讹,那么理解是寻找相似性的过程。相似性使得冲突消解,使得施喻者的语用意图得以识解。隐喻的冲突性和相似性可以是指称的、述谓的,构成基本概念隐喻、事件结构隐喻,如丰富多彩的月亮隐喻。

人们常常把月亮和其他存在比较,月亮在不同的语域中,在各个层面上发生着语义冲突。说"月亮是个无耻的贼",不但和"月亮"的语义特征发生冲突,更是把"月亮"概念映射到了社会域,涉及社会文化语境,需借助神话、传说互文语境才能理解。

二、意象性、象似性作用

隐喻意象及意义表达需借助语言符号进行,往往通过象似性,形成跨域互动,从而以一种熟悉的经验理解抽象经验。语言符号的句法结构与时体变化、叙事视点变换能形成意象,从感觉、知觉进入到概念意义,而情感的激发是语言—语义整合的基础。隐喻象似性在诗性隐喻中表现最为突出,因为诗歌通过语言符号在思维中创造出关于世界的意象,表达事物的特性,意象把语言符号与各种世界意义(物理世界、心理世界和社会世界)关联整合。隐喻语言创造的拟象符,包括成分象似与关系象似,如距离、时空顺序、数量、句式、篇章结构、话题等,构成意象图式,两个输入空间依据恒常性原则映射,通过隐喻性类属空间(意象图式)关联,两者投射到整合空间组成象似符(icon),意象和语言形式整合必然伴随情感激发和投射。作为经验感知和抽象认知中介的隐喻图式,使得目标域通过始源域,置于空间的物质的经验中,从而将一个抽象域的概念结构建立为一个更为具体的义域的基础之上。

隐喻发生于不同语域之间的认知语用互动、映射、整合和叙事。在跨域映射中,本体的意义与语境冲突形成乖讹,是隐喻形成的基本条件。映射以相似性为基础,以意象图式为中介。始源域、目标域概念空间经过映射、类比、整合,乖讹得以消解。从"不和谐"到"和谐"的动态互动过程,实现了隐喻意义的产生和识解。而叙事策略、叙事视点,使得隐喻的认知语用过程反复叠加,达到主体间对情感、态度的语用意图协商,实现语用交际效果。

第四节　隐喻识解的认知叙事模式

隐喻的理想认知模式在不同语域中表现出不同的语体形式,如文学文体、政治文体、外交文体、经济文体、广告文体,形成文学隐喻、政治隐喻、经济隐喻等具有文体特征的形式,因此,隐喻识解的认知语用模式体现为认知文体学模式。把隐喻(特别是事件结构隐喻、隐喻语篇世界)与文体学的核心论题(叙事学)相结合,形成叙事隐喻,通过叙事,构建出隐喻认知语用模式。叙事隐喻不仅存在于小说中,而且也出现在电影、戏剧、连环漫画、新闻片、日记、编年史中。

一、叙事结构与叙事方式

叙事研究可以追溯到 Aristotle(1954)的《诗学》,但叙事学术语的第一次使用出现在法国批评家兹维坦·托多罗夫(1988)的《十日谈语法》中。经典叙事学分为修辞性叙事理论和形式主义、结构主义叙事理论,用以分析神话、民间故事。近来叙事学与认知学科交叉,发展成认知叙事学。

叙事是指在时间和因果关系上意义有着联系的一系列事件的符号再现,可以由各种符号媒介构成。典型的叙事包含叙事者(作者)、接受者(读者)和故事三个要素的交互,处于语用交际的话语世界层面;而故事进入了语篇文本世界,包含情境、人物、事件、结果和评议等要素。叙事主要探索故事结构、叙事方式、情境构建、人物塑造、话语阐述方式以及叙事的社会属性等方面内容。

(一)故事结构

拉波夫认为,完整的叙事语篇由六个部分构成:①点题,是叙述者在叙述故事之前对故事的简要概括,可以浓缩在标题中。②指向,叙述者借助指示词,使读者从当下情景进入故事的世界,同时对时间、地点、人物及环境做出交代,在神话、童话、民间故事、寓言故事中,开头往往都有一个套语,如"long, long ago","there was/lived in(地名)a...(人物)";"once upon a time",或"in...(地名)","there was once a...(人物)"等等。③进展,指故事的发生、发展过程和情节。④评议,指叙事者对故事发生的原因、故事要点、故事中人物所作所为、故事所表达意图的评论,它贯穿在整个语篇中,如旁白。⑤结果或解决,指故事的结局,如人物的命运、事件的成败等。⑥回应,用来照应主题,往往出现在结尾部分,把叙事者和听者从叙事中带出来,点明故事的主旨。

拉波夫的叙事结构图式中的评议位于语篇世界层之外,处于话语世界层。两个世界以指向和回应为出入窗口,有的故事中没有回应内容,可以归于评议,把参与者带到话语世界进行主观评价,从而把叙事视点从客观轴调到了主观轴,进行情感、认知和态度协商,由心理域向社会域映射,进行评价。评价包括"社会尊严"和"社会许可"。

（二）叙事方式

交际事件具有层阶性,最底层是信息层,在认知心理层运作;第二层是叙事层,叙事描述会引起人们对事件、人物命运、事件结果的高度关注,巧妙的叙事方式或策略运用,会引起读者内心的观照、移情,激发情感,进入情感心理世界;第三层是评价、审美层,进入了社会、美学领域,如新闻、教育主要满足人们获取知识的目的,在课堂中讲授历史知识是信息传播,而同样的内容以评书的形式搬到电视上讲述,就成为《百家讲坛》。讲述方式由原来的平铺直叙演变成了一种娱乐性讲述,借助了叙事策略,以赏析形式呈现给观众,给人以道德启迪。

叙事方式上,福路德涅克继承了经典结构主义叙事学中的普适叙事语法,结合读者认知,提出了一个基于自然叙事（口头叙事）的叙事认知模式,其中的视角框架包含了各种叙事方式和策略雏形:①"行动框架";②"讲述框架";③"体验框架";④"目击框架";⑤"思考评价框架"。申丹第一个"行动框架"可以按时间顺序叙事或空间关系叙事,可以用时空隐喻和事件结构隐喻图式加以认知解释,而其他内容和叙事视点有关。叙事视点是叙事学关注的焦点,不同视角折射出作者的不同情感体验、态度表达、价值判断和审美取向,反映出隐喻主体的主观性。"聚焦"方式差异反映出读者感知方式,热奈特认为,第三人称叙事是全能全知的"零聚焦"（叙述者）人物,即托多洛夫认为的无固定视角的全知叙述,如电影中的摄像式叙事;有固定内容视点的"内聚焦"叙述者仅说出部分人物知道的事情（叙述者＝人物）,此时,叙述者进入情节中成为其中的一员,如日记式表白;在"外聚焦"情况下,读者或观众无法知道人物的情感态度（叙述者＜人物）。多重视点、多层次叙事,创作出矛盾冲突,推动了情节发展。

二、隐喻叙事与叙事隐喻

（一）作为语境的隐喻叙事

隐喻的本质是认知语用,关注隐喻语境。隐喻是构成人类世界的基本思维方式,在隐喻建构世界假说中,语境论把语境视为一种观察世界事物的基点。从语用学角度看,顺应论的交际语境指的是话语世界,即功能语言学的情景语境,向内和语篇世界关联,向外和社会文化语境关联。简而言之,语境既包括语言本身的语内环境,又包括语言以外的言外环境。语内环境包括语音环境、词汇语法环境、语篇环境等语篇语境(互文语境);言外环境包括语言所依赖的社会环境、文化环境等客观条件,又包括交际者身份、地位、职业、信念、个性等主观环境。就叙事阐释而言,后者被称为"社会历史语境",与之对应的是"叙事语境",指"叙事规约""文类规约",不同语类的叙事构成其内部的次语类,有对应的叙事方式、理想认知模式。

语境的本质是一种关系,一种被抽象后的"结构类似性",一种"矩阵"或"喻场",即弗雷格认为的"场内的词只有在特定的句子语境中才有意义"。把语境与文学的叙事相结合,把历史事件作为"基本隐喻"和"事件结构隐喻"构成的语境,于是,语境就成为一个隐喻场。场中所发生的社会历史事件为历史学家所叙说,叙事就被视为语境隐喻,如"滚滚长江东逝水"把长河隐喻历史,"每个人就像一本书"以书喻人生,这些叙述幕后隐含着的便是叙事隐喻和隐喻叙事。

(二)隐喻叙事结构图式

隐喻叙事是指利用隐喻设计的叙事线索或者叙事模式。从认知功能上看,叙事结构图式包括了隐含在文本中的喻体和本体,喻体和本体构成隐喻母体矩阵,矩阵中的类比构成篇章隐喻。隐喻叙事图式,自上而下是蕴含关系,在主题隐喻涵盖下,与其有关的一系列隐喻进行组合,统领相应事件命题群,因此,隐喻作为叙事框架,以"主题—蕴含—命题—语汇"形式组织文本。

隐喻有双层结构,在故事语篇世界内部,底部认知层是基本的"概念隐喻"构成的信息层;"方位隐喻、本体隐喻和关系隐喻";在语篇内部又形成"延伸隐喻",即上位的"事件结构隐喻",而叙事方式或策略又构造了文本的隐喻叙事。隐喻叙事在叙事方法上出现的非常规性的叙事形式,形成了"非常规隐喻"——叙事隐喻,语篇隐喻世界中亚世界间的张力激发读者情感,进入情感心理世界,情感向社会域、美学领域映射,构成评价。

(三)隐喻叙事与隐喻语篇世界

事件不仅存在于现实的物质世界和社交世界中,人们把生活经验建构成故事并把它叙说出来时,也就有了个人生命进程体验和个人内心世界的表达,进入了由叙事构成的心理世界。当经验片段被叙述者组织成有情节的完整故事时,其中所隐藏在情节背后的意义便凸显出来,叙述者通过语篇世界和接受者发生交互,两者根据已有的知识图式,结合相关语境对语篇进行加工、推理,构建认知世界,完成交际。客观现实世界的叙述和作者建构的虚拟主观世界间往往会发生冲突,构成隐喻叙事。

隐喻叙事构成了隐喻性的语篇世界,涉及交际的话语世界、语篇世界和亚世界,构成语篇世界理论的主要内容。三个世界存在结构的一致性,都是由世界构造词构建而成的。话语世界是交际者根据当下真实情景,在交际过程中构建的认知世界;话语是交际双方对共同场进行话语协商的过程,以目的为驱动,遵循信息关联原则与合作原则。语篇世界是由交际者根据语篇中指示词在线对信息做出分析、加工而构建的认识世界。语篇世界主要是通过一些功能驱动命题实现心理表征和推动,概念命题是及物性体验意义(关系、心理和存在过程),命题推动情景事件。语篇世界由亚世界构成,根据构建词使用方式差异,亚世界分为四类:指示亚世界、态度亚世界、认识亚世界和否定亚世界。指示亚世界是由表示时间、地点和人物(事物)的指示变化产生的世界,时间转换以时体变化、直接引语等形式表现倒叙(或闪回)、引用;地点转换可视为空间上通达不同事件场景的窗口,即同时不同地;人物、事物转换可以是不同组的实体被给予同等的关注或者按主次分配注意力,形成空间叙事。认识亚世界是比语篇亚世界更为遥远或假设的认知世界,主要由条件、假设、情态、让步等构成,这些语言让读者产生认识上的距离。否定亚世界由否定词构成。交际者根据世界知识图式或认知图式,在三个世界中发生交互,随着语篇发展发生互动,不断建构语篇内容。话语世界中的参与者对应语篇世界的人物,以及亚世界中的亚人物。而读者根据语篇信息,以及相关的框架知识和推断能力建立认知世界,并随着语篇的发展不断地更新内容,因此,它在某种程度上是"不真实的"。亚世界是偏离当前语篇世界的内部变体,内嵌在当前语篇世界中,亚世界故事结束后,人物又回到当前的语篇世界成为话语交际者。

三大世界中,交际者需对话语的真伪做出评价,评价介入,才能进入亚世界,即交际的可及性包括话语参与者可及性、亚世界角色可及性。可及性受交际者认知语境与语篇信息的关联度影响,即认知语境熟悉程度、可信度,影响三个世界的交互性。如在庭审中,目击证人所提供的证词可信,法官和辩护律师的辩词也为法庭所接受,而双方当事人所说的事情却要被进一步证实。究其原因,原告、被告目击证人和法官虽然都是处在同一情景的话语中,目击证人证词的责任性和可靠性、法官的权威性,符合合作原则,法官能进入证人所创造的亚世界中,而当事人所创造的亚世界真假性首先要得到法官评价才能使法官走进被告或原告的语篇世界。

叙事中能引起观众或读者关注的主要方面是冲突和悬念。隐喻的矛盾性、隐喻叙事能把这方面很好地加以演绎。隐喻,特别是文学中的隐喻是"非常规隐喻",诗歌中的"诗性隐喻"是非常规语言表达。同样,叙事隐喻也是叙事方法上非常规性的叙事形式,历史事实、现实世界中的事件在主观虚构的空间中得到重构,两个空间之间的矛盾性冲突凸显了施喻者的价值观和态度。在这种双层叙事结构中,作者的客观叙述会与作者的主观态度发生冲突,因而采用隐喻叙事手法,把主观态度隐含在客观叙述中。叙事中的另一个焦点是人物,通过拟人隐喻,刻画出人物形象。

隐喻双层叙事结构,两个世界的冲突增加了叙事强度,同时拉大审美距离,产生陌生感,形成美学效果。隐喻互文性叙事以拼贴、仿拟、内镶等形式在空间上并置,把历史、神话与现实生活从共时视角做出类比和互文性阐释,从文本、语言层面拓展到了文化意义的隐喻表征层面。时间叙事上采用闪回、闪前、重叠、插叙、中断等叙事策略,形成隐喻式复调叙事,把叙事带入了后经典叙事时代。

和隐喻叙事手法相似的还有转喻叙事,通过设定叙事焦点,建立"叙事空白",架起心理通道,使读者对文本进行转喻推理。叙事受文体影响,赫尔曼把叙事视为一种认知风格,具有文体和媒体特点,如幽默叙事、寓言叙事、戏剧叙事、电影叙事等等。

(四)语篇构造与情态、情态隐喻

语篇构造中的指示、否定词、构成认知亚世界的词都和情态相关。构成态度亚世界表愿望、信仰和目的的词,广义上可归入情态和情态隐喻。情态表明说话者的身份、地位、态度、动机和判断,所体现的是介于归一性中"肯定"和"否定"两极之间的意义,情态显隐性的语用分级,使得话语收缩或拓展,构成语篇世界的对话性。

第四章　语言与认知语用实验

第一节　认知语言学与生成语言学

一、认知语言学与生成语言学的基本假设

生成语言学与认知语言学有着很大的不同。这些差别不仅表现在一些细节上,更重要的是表现在基本假设上。生成语言学是建立在下述三个基本假设之上的:

1.语言是一个自足的认知系统,语言能力独立于人的其他认知能力(即语言是具有算法特征的自足系统,有着独立于其他认知系统的高度自主性)。

2.句法是一个自足的形式系统,独立于语言结构的词汇和语义部分。

3.描写语义的手段是以真值条件为基础的某种形式逻辑(即对语义的描写必须采取基于真值条件的形式逻辑方法)。

而认知语言学则提出了三个针锋相对的假设:

1.语义不是一个自足的认知系统,对语言的描写必须参照人的一般认知规律。

2.句法不是一个自足的形式系统,句法在本质上跟词汇一样是一个约定俗成的象征系统,句法分析不能脱离语义。

3.基于真值条件的形式逻辑用来描写语义是不够用的,因为语义描写必须参照开放的、无限度的知识系统。一个词语的意义不仅是这个词语在人脑中形成的一个"情景"(situation),还是这一情景形成的具体方式,称为意象(imagery)。

在对语言的基本看法上,认知语言学持这样一些假设:

1.语言能力是人的一般认知能力的一部分,因此语言不是一个自足的系统。

2. 句法不是语言的一个自足的组成部分,而是跟语义、词汇密不可分的。

3. 语义不仅仅是客观的真值条件,还跟人的主观认识密切相关。显然,这些基本假设跟生成语言学的基本假设是对立的。

认知语言学的理论基础,也就是它不同于生成语言学的关键之处,在于下列三点:

1. 语言单位的象征性特征。

2. 语法结构"基于用法"模型(usage – based model)的特征;这个特征决定了认知语言学关于句法、语义与音系的总体理论框架。

3. 语法结构具有网络模型的特征,该特征是对认知语法结构形式的概括。

认知语言学认为:语言是客观现实、生理基础、身体经验、认知加工等多种因素综合的结果。语法结构不是自主的形式系统或表征层面,它在本质上是象征的,即音系层(语言形式)象征语义层(概念内容)。词汇、形态和句法构成一个象征单位的连续体,从词汇到句法,结构的复杂性和抽象性逐渐增强,三者的划分是任意的。语义与句法是不可分离的两方面,"不参照语义值来分析语法单位与编写词典不注明词义一样是不可取的"。

二、认知语言学与生成语言学的语义观

认知语言学是以意义为中心的语言学。在认知语言学里,语义被放在首要地位。语义先于句法,并部分地决定着句法。这一观点与以乔姆斯基为代表的生成语言学相悖。在乔姆斯基的生成语言学里,语法是一种形式演算,可以通过一个规则体系来描述,其中规则的形成与语言表达的意义无关。语义是附在其上的,处于从属地位。

认知语言学的一个最基本理论主张是:语义和句法之间存在着一对一的映射关系。这一论断包括以下两层意思:

1. 任何两个同素不同构的语法格式必然有不同的语义值,任何不同的语义结构都对应于不同的语法结构。

2. 任何语法标记都有自己的语义值。

这一点跟乔姆斯基的生成语法形成了鲜明的对比。生成语法强调结构之间的变换,只注意变换前后的格式的合法性,不注意变换前后的语法格式的语义值是否一致。此外,生成语法重视线性结构,在很大程度上忽略语言中存在的丰富多彩的语法标记。

乔姆斯基认为在意义问题上存在内在论与外在论之争,指称论和真值论的语义观属于外在论。乔姆斯基认为语言能力是存在于大脑中的一个先天机制,语言具有自治性、生成性,意义存在于心智中,因而持内在论语义观。他认为语言是一种心智自治能力,独立于任何与外界相连接的东西,与身体经验无关,并认为语言一定具有一个使其成为语言这种东西的本质,内存于语言之中。意义内在论的理论要点可以概括如下:

1. 人具有创造和使用语言的能力。

2. 意义独立于外界的感知刺激,意义先于词语,即在没有词语形式表达之前就已经存在于人脑之中。

3. 意义无法从别人身上用归纳、类推或演绎的方式习得。

4. 意义是一种个体的心理或认知事件,具有人类种属属性。

5. 个体之间关于意义的心理感受大体相同且相通。

乔姆斯基为证明意义先于词语的看法,给出了下面一些例证:

1. 任何人都有"心里有话说不出来"的情况,有许多意义和思想我们没有词语表达,意义的数量远远大于词语的数量。

2. 幼儿可以凭借一句话的句法信息辨认出母语中不存在的词语的意义。

3. 儿童能够识别父母话语所表达的意图、信念和意义,尽管他们尚无法用语言描绘出来。

4. 颜色词的意义在盲人与正常人的头脑里是一样的。

5. 哑语的语言结构及语言习得同正常人口语的语言结构及语言习得完全一样。

6. 大面积感觉器官的损伤对语言习得没有多大影响。

7. 新生儿对于出现在任何一种人类语言中的"对照"同样敏感。

认知语言学家对意义的研究也是沿着内在论的方向进行的、与乔姆斯基一样都认为语言和认知存在于人们的头脑里,语义必须按照心理现象来描写。认知语义学家的一个重要口号是"Meanings are in the head."这一观点就明确表明他们对语义的基本态度也是基于内在论的。

认知语言学派虽与乔姆斯基理论都研究心智,表面上看同属内在论,但它们在心智的来源、表征的方法、研究的内容、得出的结论等方面存在一系列根本性的原则分歧。尽管两者都持语义内在论,但认知语言学与乔姆斯基所主张的先天的和自治的内在论有天壤之别。认知语言学的最基本观点是:在世界与语言之间存在认知这一中介,语言形式是体验、认知、语义、语用等多种外在因素促进的结果;同时还认为意义是基于体验和认知的心理现象,不能脱离人们的身体特征和生理机制、神经系统。对于意义的看法,他们还有一个口号"Meanings are on the embodiedbasis."

认知语言学认为,人类语言是后天习得的;语言不是自治的而是基于体验和认知基础而形成的。因此语义虽存在于头脑中,但是其根源不是天赋的,而是来源于身体经验。人与客观世界的互动认知,来源于使用者对世界的理解,在推理过程中人的生理构造、身体经验扮演着重要的角色。在认知语言学家看来,人类这一最重要的认知特点正是他们与乔姆斯基理论在意义内在论上的根本差异之所在。

三、认知语言学与生成语言学的语法观

"语法"这一术语从广义上说可指对全部语言法规的总述,可与"语言学""语言理论"等术语互用,如"比较语法"就相当于"比较语言学","转换生成语法"是指运用转换生成方法研究语言的一种理论,等等。该术语从狭义上讲指关于词的形态变化(即词法)和用词造句的规则(即句法),因而不包括语音学和语义学,如传统的教学语法等。

认知语言学家对"语法"这一术语似乎做了介于上述两者之间的理解:

1.大于狭义语法,因为他们是将语法解释与音位、语义紧密结合在一起进行论述的。

2.小于广义语法,因为他们将认知语法视为认知语言学的一种研究方法或一个方面,或者既与认知语言学理论相符,又是一种特殊的认知语言学理论,因此认知语法完全可作为认知语言学的一个组成部分。

在生成语言学家看来,语言学所研究的对象就是人的语法知识,包括人类语言共有的普遍语法和某种具体语言所特有的特殊语法知识。过去的语言学家认为语言是第一性的,语法是第二性的,因为语法是从语言中归纳出来的。乔姆斯基的看法却恰恰相反。在他看来,语言是一切可能生成的句子组成的无限集合,是举不穷、说不尽的,根本不可能是现实世界中存在的客体;语法知识倒是客观存在于人的大脑中的,是在大脑物质基础上产生的心理能力。乔姆斯基认为,语法是由能把声音、意义和抽象结构的特定形态

赋予句子无限集合中每一个句子的规则和原则所构成的明晰系统。因此，语法是第一性的，语言是第二性的。乔姆斯基认为语言学研究的重点不是语音、语调等语言的物理属性，而应该是人脑的心理状态。乔姆斯基生成语法理论中的"语法"有两重意思：①它指语言能力，即存在于大脑中的内在化的语言系统本身。②"语法"指语言学家对说话人或听话人语言能力的描述。

乔姆斯基创立生成语法的初衷与众不同，他并不是要为某一具体语言建立详尽的语法体系；不是为某种应用建立理论；不是要撰写简单易学的教学语法；也不是像结构主义那样，试图建立一套完整的理论方法，作为描述具体语言的框架。乔姆斯基的基本理念是人类都具有相同的语言能力，各种语言的自然语法虽然各异，但本质却都完全一样，都是在同一个语法的基础上变化发展起来的，这就是普遍语法。语言学研究的最终目的就是要透过表面现象抓住本质，尽可能准确地描述处于自然状态下的普遍语法，建构普遍语法的理论形式。

在乔姆斯基学派中，语法是一种形式演算，这样的形式演算可以通过一套规则系统加以描述，规则具有高度的形式化特征，独立于语言表达所蕴含的意义。认知语言学认为，语法是用来将象征单位逐级组合成较复杂的象征单位格式的。语法是由语法范畴和语法构式组成的，构式不是部分的综合。语法构式是复杂的概念结构和表达这个概念结构的方法之间的配对结合。这个构式不是把无意义的形式任意地置放在一起的，而是表现了人类组织基本经验的方法。

认知语言学将语法看作是象征符号的清单，是由各种大小的象征符号（从语素到句子到语篇）组成的清单，这些象征符号都是形式和意义的结合体。语法的这一"清单"特征也同时通过明显的拒绝语法的"过程"或"建构"特征而得以突出强调，强调语法的"过程"或"建构"特征正是生成语言学理论的特色，生成语言学理论认为语法本身能够具体地规定句内项目的良好组合。

生成语言学认为语法范畴建立在形式的而不是意义的基础上，说话人可以不管意义，只要根据语法结构就能决定哪些句子是造得好的。

生成语言学认为生成结构的语法是自主的，与人类的体验无关；而认知语言学则认为无论是结构还是语法都是体验性的。语法不是抽象的形式系统,而是一个神经系统,语法的特征就是人类体验性神经系统的特征。

生成语法是一种生成装置,具有构建性,在生成语法的范式中,语法是一套可以生成具体语言的深层规则。而认知语法则不同,它认为语法仅仅是给说话者提供了象征资源的总汇,运用这些资源构造和评价恰当表达的是说话者而不是语法。

总体来说,生成语言学认为语言是按一定顺序排列含义固定的符号串,语法是生成符号串的系统。语法及语言结构只关乎符号逻辑,与具体意义无关,与语境无关,与社会功能无关。认知语言学则认为,语法是对概念进行符号化的能力,对语法的限制不仅受抽象形式的限制,也要受神经和身体经验的限制。语言结构生来就是扎根于身体经验的。基本语法范畴和受语法结构限制产生的语言结构,是从我们体验性结构中获得的。语法构式是复杂的概念范畴和认知功能与表达它们的方式之间的配对连接体。

四、认知语言学与生成语言学的句法观

在乔姆斯基等生成语言学家看来,不仅语言是自治的,而且句法也是自治的,不用参照意义就能对其形式做出系统的描述。语法本身是模块化的,其模块之一就是句法。句法也是自主的,它的运作与语言的其他层面及语法之外的各种因素(如交际需要、言语环境、关于世界的知识等)无关。乔姆斯基认为,人类的认知系统中有一个自主的句法系统,系统中的基本要素是非语义、非话语的语法成分,这些成分的组合规则不涉及系统以外的因素。

认知语法创始人兰盖克认为,句法部分不是独立的,而是与词汇、语素连为一体的符号系统的一部分;语义结构因语言而异,语义结构是约定俗成的概念结构,其中有一层层约定俗成的映像,语法是语义结构约定俗成的符号表示;句法分析不能脱离语义。

根据心智的体验性,认知语言学认为不可能有自治的句法,因为概念系统来自对客观世界的感知,在大脑中就不可能有不受输入影响的模块。从语言不是自治的认知系统这一角度,人们就会得出"句法也不可能是一个自治的形式系统"的结论。句法规则基于人们对外界感知体验的结果,体现了人们的认知方式取决于概念结构。句法不是由无意义的、不可被解释的符号构成的,句法应该是研究象征单位,即意义和语言表达两者的配对结合。句法结构是形式与意义的结合物,这意味着对句法结构的形式和意义都应该给予描写。句法范畴是由概念范畴促使而成的,而概念结构又来源于人

类的体验性本质,没有完全不受意义和认知约束的自治性句法。句法的不同形式来自并反映不同的语义。

生成语言学出自整个理论的需要,把句法部分独立出来,用以强调"形式"的作用。与其句法中心论相协调的生成语言学把语义看成是普遍的。认知语言学则认为,句法部分不是独立的,而是与词汇、语素连为一体的符号系统的一部分。词汇、形态和句法形成一个符号单位的连续体,这个连续体只是任意地被分成了单独的成分。句法形式是由按照特定顺序排列而成的成分组成的式子,我们不仅要描写句子的位置序列和成员,在某些情况下还应注明其韵律甚至伴随性语言特征;句法的意义包括一个句法结构得以使用的条件,也包括与其有关的语境信息。认知语言学家从原型入手来描写句法结构,并对某个句法背离句法原型的程度和方式加以描写。

认知语言学在句法方面和乔姆斯基句法研究的不同之处在于:句法关心的是作为语言单位的句子,它把人对事件的描述和人的交际意图与对句子的分析结合起来,并且把所有这些和人对空间及时间等的认知联系起来。认知语言学把句子这样一个复合整体放在一起并使它处于线性结构或者在词序中加以分析。

第二节　生成语言学与认知语言学差别对比

一、生成—合成

乔姆斯基认为语法形式形成的机制是"生成的",因此他的学说又称为"生成语言学"。乔姆斯基的主要理论建设大都是围绕着语法的生成假说而展开的,并提出了很多详细的概念和假设。乔姆斯基语法生成观是建立在这样一个假设之上的:人类有一个与生俱来的、独立的、抽象的普遍语法系统,它为语法设立了有限的普遍原则,小孩可以通过这些有限的规则,理解和使用各种合乎语法的句子。

"生成"其实借自一个数学术语,其在几何学上的定义为:点、线、面通过移动而生成曲线、面、图形。乔姆斯基认为语法单位的"移动"是产生语法表层形式的最重要的操作手段,语法形式是由与表层形式不一样的东西一步一步生成出来的。"语法生成说"的主要内容可概括为:

1.人类的大脑中存在一个专司语言的器官。人的内在认知能力中存在着普遍性和规则性的东西,据此可以理解和生成无限新的、合乎语法的句子。

2.语法能够确立一种语言的全部合乎语法的句子的性能。

3.生成语法是由一套有限的形式规则构成的,能够生成无限的合乎语法的句子。

4.语法是由不同的层级构成的,诸如"表层结构"和"深层结构"之别,最简方案的"逻辑层面"和"语音层面"之别。表层结构是由这些层面通过一定的规则生成的。

认知语言学在语法的形成特性方面跟生成语言学的观点截然对立。认知语言学的主要代表人物之一 Langacker 针对乔姆斯基的"生成说"提出了"语法合成说",认为语言是整个心理组织的有机组成部分,能够触发其他认知系统;因为语言的各种表达式并非一个造得好的、可以计算的集合,所以语法是非生成的,它只向说话者提供了一份符号资源的清单,说话人必须依靠自己的认知能力去使用这些资源建立合适的表达法。"语法合成说"的核心内容可以概括为:

1.语法本质上是一种符号性质的,符号由语音形式和意义内容两个方面构成,词汇和语法之间没有明显的界限。

2.语法结构是由基本的词汇单位合成的,用来表达更复杂的意义内容。

3.语法结构是单层的,并不存在隐性层面,不同的结构之间具有不同的语义值,并不存在转换的关系。

4.语法是从使用中产生的,一个语言学习者从具体的用例中抽象出语法格式。

语法是生成的还是合成的,还跟对语法结构的能产性的理解有关。语法的生成观是建立在语法结构的高度能产性的假设之上的,该学派的学者通常以基本的语法范畴 NP(名词短语)、VP(动词短语)、Aux(助动词)、Det(有定标记)等为出发点,来刻画各种所谓的"规律"。

然而,不论是生成说还是合成说,目前都仅仅是一种关于语法结构形成机制的假设,尚缺乏科学的论证。乔姆斯基的"生成"概念直接从数学那里借来,既不是根据心理学实验得出的结论,也不是基于对语言事实的观察所概括出的规律。认知学派的"合成说"主要是针对乔姆斯基的观点而来的,也没有经过严密的科学论证。

二、任意—象似

语言是人类不可或缺的交际工具。作为整个符号系统中的一个重要组成部分,它比其他所有符号系统都要复杂。任意性和象似性是这个复杂系统中的复杂问题之一。关于语言符号任意性和象似性问题的探讨可以追溯到古希腊的唯名论与唯识论之争。这种争论直至 20 世纪初索绪尔《普通语言学教程》的出版使得语言符号的任意性得以确立才稍事平息。自索绪尔于 1916 年出版《普通语言学教程》以来,任意说几乎一统天下,许多语言学家一直将这条原则视为语言学的基石。任意性被索绪尔作为第一原则提出来,并在《普通语言学教程》中多次提到,其中有三次对其进行了直接论证:第一次是把它作为第一原则提出来;第二次是在论述语言的普遍性时对其进行论证;第三次是在论述绝对任意性和相对任意性时对其再次论证。

导致语言符号任意说的原因很多,从哲学上讲,主要是基于心智与身体相分离的二元论。任意说势必得出意义与身体相脱离的结论。意义一旦与身体经验无关,也就与符号无关,致使符号失去了理据性。

长期以来,索绪尔的“任意性”被看作是语言的特性之一,因为语言符号的能指和所指之间没有任何自然的逻辑上的联系,或者联系是不可论证的,即符号对现实中跟它没有自然联系的所指来说是任意的,约定俗成的。

尽管乔姆斯基并不提任意性,但实际上他把语言结构的任意性推到了极点。他在《语言与心智》中拿人类语言跟动物“语言”做比较,认为两者的根本区别在于动物“语言”都“利用固定的、有限的几个语言平面,每个平面与一个特定的非语言平面相对应;在语言平面上选取一点就能在非语言平面上找到相应的一点”。他的意思就是象似性是动物“语言”而不是人类语言的特性。乔姆斯基认为语言是独立于其他认知能力之外的一种任意的、自治的形式系统,语言的能指与所指之间毫无联系可言;认为不仅单个符号所指和能指之间的关系是任意的,其排列组合构成的语言结构与意义之间的关系也是任意的。

认知语言学对语言的任意性提出了挑战,认为语言的共性说明语言绝不是,至少不完全是任意的创造,而是受认知环境(包括人的生理环境、人的认知能力等)和社会环境的制约。

象似性简略地讲就是“语言结构象似于人的经验结构”,或者说“语言结构是经验结构的模型”。20 世纪 80 年代以来,认知语言学的一个任务就是研究不同语言层面的象似性。认知语言学认为,语言结构是人类认知的一部分,与人类的生理结构、文化经验和物质基础有着深刻的对应关系。不仅如此,人类语言中的普遍现象说明了人类语言与客观世界的关系并非绝对任意的。

认知语言学是建立在经验主义和非客观主义的经验现实主义哲学基础之上的。它认为语言不是直接反映客观世界的,而是人对客观世界的认知介于其间,即现实—认知—语言。人类在对现实世界感知体验和认知加工的基础上形成了自己的概念结构。语言作为思维工具,必然在许多方面、在一定程度上与人们的经验结构、概念结构形式所表意义之间存在对应性象似关系。在认知语言学家们看来,尽管语言符号在基本范畴等级上有一定的任意性,或者有些已经丧失了理据,但是在构成上位或下属范畴的词或词组的过程中,在构成更大的语言单位中,是有动因、有理据的。其动因和理据不在于语言形式直接反映外部世界的事物,而是反映人对世界的认知方式,即语言形式相对于人的认知结构来说不是任意的。语言是由客观世界、人的认知、社会文化及其语用因素促动的象征符号系统。

三、天赋—体验

乔姆斯基深受笛卡尔哲学的影响,信奉源于柏拉图的天赋论。乔姆斯基反对经验论把人类的心智看作一块"白板",一切知识都是后天经验习得的看法,他也反对行为主义心理学"刺激—反应"的模式。在他看来,人的智能结构和认知能力是人类这个物种的大脑生物学结构所固有的,这种潜在的结构和能力一旦受到外部诱因的驱动就能被激活,产生观念和知识。人类所有的知识都是从天赋的大脑结构特征中来的。

乔姆斯基强调:①人具有生成和理解无限多新句子的语言能力,它是人类心智的组成部分,它是人的一种固有的机制,正是这种机制把人类的经验映射为语法。②语言中存在成体系的普遍现象,但缺少证据说明它们是经过学习或经验而获得的,可能的解释是作为生物本能的普遍语法使然。语言作为生物本能具有部分确定的结构,正如生理器官的普遍性对人类来说是确定的一样。乔姆斯基据此证明:人类的所有知识都可以从这个物种天赋的心智特征中推导出来。可以看出,乔姆斯基强调作为人类最基本的职能要素的语言能力的认知结构是天赋的,是在人的器官中,甚至基因中就早已编制好了的,后天的发育和环境因素只不过是促使这种结构成熟而已。

乔姆斯基的语言习得装置,即语法,是与生俱来的,不可能是后天习得的,原因有二:①不同语言之间有着众多显著的相似性;②任何一个智力正常的幼儿都能在极短的时间里未经系统的学习就轻而易举地习得母语。这就像人天生就有走路的能力是由人的生物遗传基因所决定的一样。

在认知语言学家看来,既然没有自治的句法,也就不存在自治句法的"先天性"问题。根据体验哲学,概念和理性主要是依据身体经验形成的。语言来源于实践,与人类的概念结构和认知方式密切相关。语言不是自治的,而是在人的体验和认知基础上形成的。因此语义虽是存在于头脑之中,但其根源却不是天赋的,而是来源于身体经验,人与客观世界的互动认知,来源于使用者对世界的理解,在推理过程中人的生理构造、身体经验扮演着重要的角色。认知语言学家认为人天赋拥有的并不是一部抽象的、自主的语法,而是人类独有的认知、推理及信息处理的能力。

四、语义—语法

对待语义和语法(句法)的关系,两者的差别就更大了。生成语言学认为,句法是自主的,可以独立于语义而运行;语法就是形式的运算,可以由系统规则来描写,而语义是次要的附加特征。恰恰相反,认知语义学认为,语义是语言的主要成分,以感知表征的形式出现,早在语言完整进化之前就已经存在。语义图式的结构制约着可能的语法结构形式。

乔姆斯基在其成名作《句法结构》中明确指出:语法是独立发挥作用,不依靠意义的。这种"语法独立论"实质上把语法视为纯形式的东西。他把意义比作头发的颜色,认为研究语法不需要研究意义就像研究语法不需要了解说话人头发的颜色一样。

生成语法认为:

1.对语法的描写要求代表语言结构一个独立方面的树形结构图,以表示各成分间的层次关系、线性顺序和通过各结点标签表示的范畴成员关系。

2.词项被插入结构树的底端,但词项本身既没有语义内容也没有音系内容,然后将语义解释规则和音系解释规则施加于词项所提供的内容并将树形结构关系加以考虑,最终得出语义表征和音系表征,但是短语结构规则和结构树本身既不是语义实体也不是音系实体。

3.由于语法范畴既没有语义特征也没有音系特征,词项的类属必须由句法特征来确定。

　　尽管后来乔姆斯基对其以前过于绝对的观点进行了修正,但是语法和语义的基本关系并未变动,他始终把语法看作是语言的基础,仍然遵守句法是独立于语义的,句法研究不应以语义为基础,形式必须独立于意义之外。他认为,句子的意义是建筑在其基本成分的意义以及它们的结合方式的基础上的,表面结构所提供的结合方式一般跟语义解释几乎全然无关,然而在抽象的深层结构上表达的语法关系在许多情况下却决定句子的意义。

　　乔姆斯基的句法自主说与生成语言学的研究目标是一致的,即"用符号操作的数学系统来描述语言,这种数学系统的主要对象是抽象符号的运作,至于符号的意义和系统外的其他因素都不予考虑"。

　　认知语言学以语言所传达的语义为起点,并以语义贯穿始终。认知语言学认为:意义存在于头脑中,即语言的意义是语言表达式向认知或心理实体的映射。语义结构是概念结构,语义是一种心理现象、认知结构,它并不反映客观实体,而是等同于概念化,即心理实验的各种结构和认知过程,而不是可能世界中的真值条件。换言之,语言指向的是心理中的概念而不是外部世界中的物体,语言单位的意义等同于概念结构。意义是一个认知构建的过程。语言的语义是一个从语言表达到某些心理实体的映射。认知语言学认为语义才具有生成性,语义部分才是句法生成的基础,词法、句法不是自主的,而是受功能、语义和语用因素支配和制约的。认知语言学认为语言的意义与认知有着最密切的关系,而词法、句法是受语义制约的。意义不是直接反映外部世界的,而是反映人对外部世界的认识。语义与人的主观认识息息相关。语义结构不但反映了所观察到的情景的内容,而且也反映了这个内容是怎样建构和解释的。

　　认知语言学认为,语法是词语概念内容的结构化。这深刻揭示了语义和语法之间的"血肉"关系,也可以理解为语义在一定程度上决定语法。这一点与生成语言学的语言观形成了鲜明的对立。乔姆斯基认为,句法是一个自足的系统,是人类的一种先天机制,后天的语言习得是代入一些参数,主张语义跟句法脱钩,语义是语言表达在某一阶段代入的东西。

　　认知语言学认为意义等同于概念形成过程,应借助于认知过程进行解释,形式逻辑无法准确地描述语义结果。认知语言学的概念化不仅包括抽象的知识概念,还包括知觉、感情和动觉,以及人们对语言事件的理解,对社会和语言情景的认识。生成语言学则把有关意义的概念论排除在语言科学之外,认为语言表达的意义可以借助真值条件来进行描写,并且认为形式逻辑适用于描写语言。而认知语言学则认为,意义不能等同于真值条件,而是一种概念化,即一种心灵经验。

生成语言学出自整个理论的需要,把句法部分独立出来,用以强调"形式"的作用。与其"句法中心"论相协调的生成语法把语义看成是普遍的。认知语言学则认为,句法部分不是独立的,而是与词汇、语素连为一体的符号系统的一部分。语义结构因语言而异。语义结构中有一层层约定俗成的映像。语义结构是约定俗成的概念结构,语法是语义结构约定俗成的符号表示。认知语言学强调语义的作用,强调历史、文化、宗教等对语言所产生的约定俗成的作用。

总之,认知语言学将语义放在非常重要的位置。认知语言学将语义分析放在首位是因为他们认为,如果语言的主要功能是范畴化,那么,意义必将是最主要的语言现象。语义之所以包罗万象,是因为如果语言是一个对世界范畴化的系统,那么,就没有必要再设立一个不同于将世界知识与语言形式联系起来的语义结构层次。

生成与认知两种理论所赖以发展的哲学理论基础虽然不同,但都重视语言研究中观察、描写和解释的充分性,强调语言理论不仅能适用于对某一种语言的描写,更要适用于描写所有的语言,例如生成语言学在建立普遍语法中的努力和认知语言学对人类认知过程的概念化过程的探索,尤其是语法化理论在建立自己的假设时常涉及多种语言类型等等,这些事实表明,两种理论都旨在探索人类语言的本质。

第三节 语义中心观——语言教学

一、语义与语义中心观

在认知语言学中,语义是一种心理现象、认知结构,它并不反映客观实体,而是等同于概念化,即心理实验的各种结构和认知过程,而不是可能世界中的真值条件:一个语言表达式的语义就是在说话人或听话人的大脑里激活的概念。具体地说,语义存在于人类对世界的识解中,它在本质上具有主体性,体现了以人类为宇宙中心的思想,反映了主导的文化内涵、具体文化的交往方式以及世界的特征。

对认知语言学家来讲,所有语言结构都是符号工具,不管是最小的词素还是复杂的结构,都可用来传达意义。语义中心观与语言理据性密切相关。我们知道,有理据的知识记忆与使用要比没有理据容易。认知语言学的语义中心观实际上就是强调语言的理据性。认知语言学认为语言形式与意义之间不是任意的关系,而是有内在联系的或者说是有理据的。

意义问题是当今人文科学研究的核心问题。对人类而言,人类世界从本质上讲就是意义的世界。一个没有意义的世界,绝对不是一个"人"的世界。语言是人类认知能力的一种体现,语义是认知语言学研究的焦点,这已成为认知语言学家的共识。认知语言学以语言所传达的语义为起点,并以语义贯穿始终。认知语言学之所以将语义放在重中之重的位置,是因为它认为,如果语言的主要功能是范畴化,那么意义必将是最主要的语言现象。

(一)概念、概念化、概念结构

认知语言学认为语言的意义来自于人的概念化的过程。意义就是概念的形成。概念就是我们头脑中形成的对客观事物的想法和信念,是头脑中对客观事物的知识系统,包括人类概念系统中概念的组织方式等。概念化既指人们头脑中已经约定俗成的概念,也包括即时形成的概念。也就是说,概念化既是结果又是过程。Langacker 把概念结构等同于概念化,概念化由语义内容和识解能力两部分组成。概念结构是指我们在头脑中存在的对客观事物的相对稳固的知识体系。认知语言学的研究认为,概念结构有很多模式:语域、认知模式、意象图式、映射、心理空间等。

(二)语义是概念化的

语义是概念化的,是人们关于世界的经验和认识事物的反映,是与人认识事物的方式和规律相吻合的。认知语言学认为语义不是基于客观的真值条件,而是对应于认知结构,表层形式的句法结构又直接对应于语义结构。认知语言学把对客观真值条件的描写与对认知概念的建构统一起来,不区分语言意义和语用意义,而是探索意义在大脑中是怎样建构的,研究原型理论、范畴化、概念形成的过程及机制。语言的意义不限于语言内部,而是根植于人与客观世界的互动的认知,根植于使用者对世界的理解和信念。语义还跟人的概念结构及其形成过程有直接的关系。例如,"横看成岭侧成峰",客观上是同一座山,由于人的观察角度的变化就形成两个不同的心理意象,也就形成两个不同的概念。

在认知语言学看来,概念化是广泛的,既包括抽象的概念,也包括一个人对外部的、社会的、语言的环境意识,概念化实际上就是认知处理。概念化还包括知觉、感情和动觉,以及人们对语言事件的理解,对社会和语言情景的认识。将意义等同于概念化,比起将意义视为概念来说,意在强调概念化主体的主观识解因素和意义的动态化特征,抛弃了客观主义理论的镜像观、静态观,强调了人的创造性和想象力,突出了意义的动态观。意义就是概念化的过程和结果。

认知语言学认为,概念化与语法密切相关,语法是词语概念内容的结构化。汉民族与英语民族的概念化方式不一样,由此带来不同语言的语法差异。例如,"借"这一概念,汉语中把物体"从甲到乙"和"从乙到甲"看作一回事,用一个概念"借"来表示,那么在具体的语言表达中就需要用介词"给"或者"从"来区别动作的方向。然而英语中是用两个不同的词来概念化这种行为的,分别用 borrow 和 lend 表示,那么在英语中就自然不需要相应的介词短语了。这带来了两种语言的有关词语的语法结构的差异。

(三)语义决定句法

认知语言学的一个最基本的理论主张是语义和句法之间存在着一对一的映射关系。这一论断有两层意思:①任何两个同素不同构的语法格式必然有不同的语义值,任何不同的语义结构都对应于不同的语法结构。②任何语法标记都有自己的语义值。

认知语言学中虽然有不同的理论方法,但它们在很大程度上是相互一致的,具有共同的理论原则。其中的一个重要主张就是:句法并不构成一个自主的表征形式层次,句法不是自主的,是受功能、语义和语用因素支配和制约的。认知语言学在句法方面和以往的句法研究的不同之处在于:句法关心的是作为语言单位的句子,它把人对事件的描述和人的交际意图与对句子的分析结合起来,并且把所有这些和人对空间和时间等的认知联系起来。在认知语言学里,语义先于句法,并部分地决定着句法。

认知语言学认为没有自治的句法。概念系统来自对客观世界的感知,因此在大脑中就不可能有不受输入影响的模块。句法结构是形式与意义的结合体,句法应该研究象征单位,即意义和语言表达两者的配对结合。句法构造不是把无意义的形式任意地置放在一起,而是表现了人类组织基本经验的方法。句法的理据和动因是由认知、语义、语用等因素促动的。句法的不同形式来自并反映不同的语义。语法是词语概念内容的结构化,这深刻揭示了语义和语法之间的密切关系,说明语义在一定程度上决定着语法。

认知语法强调语义的中心地位,但并不否定语法的重要性,而是发现了语法的另一个本质特征:意义的丰富性。语法可以还原为形式与意义的配对。

二、语言教学

随着认知语言学理论研究的深入和发展,其研究成果不断地被应用到外语教学当中,以解释和解决外语教学中出现的问题,同时也可以检验认知语言学理论。

Langacker 认为,语法是用来将象征单位逐级组合成较复杂的象征单位格式。一个典型的语法结构通常是一个复杂的象征单位。认知语言学是以意义为中心的语言学,它以语言所传达的语义为起点,并以语义贯穿始终。在认知语言学里,语义被置于首要地位。语义的中心地位说明语言无论是结构形式还是意义本身都具有理据性。语言的理据性以不同的方式体现在语言的不同层次,如意义与意义、形式与意义之间。

(一)中心意义到扩展意义——思维、理解能力的培养

语言中多义性是一种普遍现象。不同的意义形成一个语义网络。如果把一些高频词的不同意义分别处理为单义词、同音异义词等,对外语学习是没有益处的,因为这就把意义之间的相互联系切割掉了。以英语介词为例,介词所表达的时空意义与人类的空间经验紧密相关,并形成一个网络。它们之间联系的一个基本机制就是概念隐喻。大量证据表明学习者如果知道从中心意义到扩展意义中概念隐喻所起的作用,学习效果要好得多。

概念隐喻可以从三个方面培养学习者的思维能力:①概念隐喻指人类概念系统中存在一个隐喻结构,这个结构潜在地影响甚至制约人类的思维方式,如以空间表达时间、以旅行表达人生、以建筑物表达理论等。②学习者逐渐掌握这样的概念隐喻的过程也是一个学会抽象思维的过程,一个发现事物之间的相似性的过程,一个建立概念结构或概念域的过程。③由于隐喻具有深厚的民族文化特征,学习者理解隐喻的过程也是逐渐扩展观察问题和思考问题的视角、促进思维逐渐理性化的过程。

习语曾被认为是语言中的死喻,因为它们已经变得非常稳定和广为接

受了,使用者对它们的隐喻性特征已经习以为常了。但是认知语言学家的研究表明,有两种方法能够重新唤醒习语背后的生动的意象:①发现其中的概念隐喻;②追溯其产生的原有语境和本义。如果学习者能够根据概念隐喻原理去理解习语产生的直义基础,他们继续学习的愿望会更加强烈,理解和记忆习语的效果也会更佳。

(二)形式与意义作为一个整体——同时学会

认知语言学将形式与意义密切结合起来进行研究。认知语言学认为,语言本身是语言符号及其所象征的意义。任何一个语言因素,包括音素、词汇、语法结构、句子等,都具有象征性且包含一定的意义;每一个语言因素都是一个形式—意义的结合体。对认知语言学家来讲,所有语言结构都是符号工具,不管是最小的词素还是复杂的结构,都可用来传达意义。如过去时态标记 – ed 和进行体标记 be – ing 这样的语法形态标记并不包含一个实际的词汇意义,因为它们并不象征任何一个实际的事物,但是,它们能够在人们的头脑中引发一个关于时间和体的概念,即某一情景在过去或现在的某一时间在进行之中,因此它们也是有意义的。

语言的形式和意义在语言使用中不可割裂。语法是意义和形式、功能和结构的中介,体现两者之间极为复杂的关系。语法结构是显性的,看得见、摸得着,而语义关系是潜性的,看不见、摸不着。下面的句子合乎语法,有一定的内涵意义,也似乎符合或者说不违背逻辑,但是不合乎现实。

一外国国家元首站在珠峰之巅给一位藏民敬献洗澡水。

一外国国家元首站在珠峰之巅给一位回民敬献哈达。

一外国国家元首站在珠峰之巅给一位农奴敬献麒麟。

一外国国家元首站在珠峰之巅给一位蒙古王爷敬献空气。

表面看来,形式语法有可能解释一些语言现象的规则,但是要想用形式化手段解释语言使用中蕴含的道理却未必行得通。可见,句子正确的方式可能千千万,但其出错的情况也可能万万千。

语言是由形式与意义匹配构成的符号单位组成,词汇与语法构成一个连续体,这表明语言学习必须是形式与意义作为一个整体同时学会。形式与意义之间的理据可解释语音与语义之间的联系。例如:/sp/在许多单词中表示负面意义:spam(发送垃圾邮件)、spit(唾弃)、spew(呕出)、spite(刁难)、spleen(恶意)、spoil(溺爱)等;某些音特别适合于某种意义:如 flip(轻击)、flap(拍击)、flop(摇拍)、flutter(一掠而过)、flicker(闪烁)、flash(闪光)等中的/fl/表示与某类运动相关的具体动作。在认知语言学家看来,语言形式和意义之间的联系不是绝对任意的,语言具有理据性。

学习者在语言学习过程中思考意义与意义之间、形式与意义之间的联系是一个扩展的过程。扩展分为语义扩展和结构扩展。语义扩展指关于词或构式的意义的心理活动,结构扩展指关于词或构式的形式的心理活动。扩展是在比较深的层次处理信息,因而能增加信息在记忆中保留的可能性,促进学习。

(三)语义与识解——州语言使用者位于语言使用事件中心地位

语言学理论研究一般围绕三个基本问题展开:什么是语言知识、怎样习得语言、怎样使用语言。这三个假设之一的语言习得基本观点可解释为:概念结构不能简单地还原为真值条件与客观世界的一一对应。人类认知能力的主要特征是将经验概念化后表达出来(包括语言知识的概念化)。在概念化过程中,识解起着十分重要的作用,同时也给意义增加了主观性。

把动态的认知过程引入语法分析,是认知语言学的又一个鲜明的特点。同样一个对象,认知视点的不同,会影响人们选择不同的句式去表达。认知语言学把这种认知视点变换与语言结构的选择之间的相互作用现象叫作"识解"。

识解实际上指的就是人的认知能力,不同的认知方式作用于同一情景,导致了不同的语言表达和不同的意义。相同的一个对象,认知视点的不同,会影响人们选择不同的句式去表达。比如面前放了一只盛有半杯水的杯子,不同的人因为观察的角度不同,就会选择不同的句式。对同一个客体的不同表述,反映了不同的认知识解。

The glass with water in it. 里面有水的杯子。(观察视点是杯子自身)

The water in the glass. 杯子里面有水。(观察视点是水)

The glass is half – full. 杯子装了一半的水。(观察过程是从杯底往上看)

The glass is half – empty. 杯子一半是空的。(观察过程是从杯口往下看)

语义是概念化过程。这意味着,同一个事件可以有不同的理解,相反,同一个事件可以有不同的表达。再如名词、动词,主语和宾语等基本句法范畴,是指对它们所指概念内容的抽象的语义识解,这些基本句法范畴都有基本意义,但都是在人们对经验做出各种识解的基础上形成的。在跨语言对比时,我们会发现有很多相同的意义范畴,但这些相同意义范畴的识解却因语言而异。例如,英语中的"sick"被识解为一个形容词,具有非时间性,是总体扫描的结果,因此它需要借助表示时间的系词 be(为顺序扫描)来表示。而汉语中的"病"则被识解为动词,属于程序性扫描,本身就具有时间性,因此不需借助系词构句。

语义结构是概念结构,语义是概念化。语义在一定程度上决定语法,语法是词语概念内容的结构化,这揭示了语义和语法之间的血肉关系。对语言本质特征的认识,决定着对语言习得过程的认识和对语言教学基本原则的选择。以语义为中心的语言观对外语教学具有重要的启示。例如,对语法结构的意义的认识有助于更好地理解语法结构的形式,能够更好地解释清楚相关结构之间的联系与差异。强调语法结构的意义教学使得语法教学接近词汇教学,从而有效地与交际教学法、内容教学法、任务教学法等衔接起来。学好语法是为了更好地理解意义。我们通过理解语法结构的意义来学好语法,从而为理解意义服务。掌握语法不是语言学习的最终任务,而是为了更好地理解意义和使用语言。

语言学习者了解并掌握意义与意义之间、形式与意义之间的关系可强化信息的记忆,促进学习。意义是最主要的语言现象。当学习者习得了意义的生成方式后,他们就会更深刻地理解所学语言。语义是语言的核心,而语义的核心又是识解,语言使用中的语义建构离不开语言使用者的识解。语言使用者的识解对解释外语学习中的语言产出具有核心意义。语言表达式的意义取决于识解意味着语言的约定性本质,同时也表明语言使用者对话语中语言表达式的分布具有选择决定权,即语言使用者处于语言使用事件的中心地位。学习者不断发现所学外语的理据性结构和原则,这一过程的本质就是学习能力在不断增强。

第四节　认知语法的"特色"

一、认知语法的出现

认知语法的出现标志着语法研究由注重形式转向了注重意义,将形式与意义密切结合起来进行研究。认知语法从名称上看似乎是对语言的认知研究范式的统称,其实是对 Langacker 语言研究的专指。认知语法脱胎于乔姆斯基的生成语法,其主要学术主张都是对生成语法的反动。

认知语法通常指以 Langacker 为代表的一派认知语言学家所从事的研究,强调用语法以外的因素来解释语法现象。Langacker 所创建的认知语法,主要运用"象征单位"和"识解"等来分析语言的各个层面,包括词素、词、短语、分句和句子。

认知语法以体验哲学为理论基础,主要阐述了人们对世界的感知体验,以及在此基础上所形成的种种认知方式是如何形成并约束语法构造的,且深入解释语法规则背后的认知方式和心理基础,以及构造与意义之间的关系,仔细描写了人脑在使用语言和形成规则时的心智活动,以及人们掌握语言单位和构成更大构造的能力。认知语法尝试给语法范畴和语法构造做出一个较为系统的、一致的解释,从而为语法解释找经验和概念上的理据。

二、认知语法研究"新思路"

认知语法彻底摒弃了传统语法中的词类划分、句法分析的老套方法,不主张区分词汇结构和句法结构,也不依赖传统语法中常用的名词、动词、主语、谓语、宾语等术语,认为这些传统分析方法作为一个理论缺乏一致性、统一性和系统性,因而缺乏充分的解释力。认知语法研究的新思路主要包括:

1. 语言和句法不是自治的,具有体验性。

2. 以语义(概念化)分析为基本出发点。

3. 依据几种基本认知能力和认知方式来对语法做出统一解释。

4. 只设三个单位:音位单位、语义单位和象征单位。

5. 用"识解"来描写语法。

6. 坚持整合观,接受部分组合观。

7. 语法具有象似性。

8. 语法具有模糊性:词素、词汇、词法、句法构成一个连续体。

9. 通过典型事件模型解释英语基本句型。

认知语法还有一个更高的目标,它不仅要解释已固化的语法单位,而且还要解释运用已有象征单位组成新单位的创造力。因此认知语法为解释语法具有生成力提供了一个崭新的、统一的理论框架。

三、认知语法的"构式"

认知语法认为语法是由语法范畴和语法构式组成的,构式不是部分的总和。语法构式是复杂的概念结构和表达这个概念结构的方法之间的配对结合,语法构式包括在概念极中对认知功能的限制,如已知和新知信息、注意焦点等。每一个语法构式还陈述若干限制,即对某一语言中复杂内容如何在音位上表达的限制。每一个语法构式可表明:

1. 语法构式各部分的意义如何连接成整个构式的意义;

2. 概念组合如何用语言形式表达;

3. 通过上述两点可表达什么样的附加意义和认知功能。

(一)语法构式的多义性

语法构式就像词汇一样,也可能是多义的。在语义极有许多系统性相关的概念,形成了辐射性范畴,表达了这种多义性。

(二)语法构式的体验性

语法构式不是把无意义的形式任意地置放在一起的,而是表现了人类组织基本经验的方法。

(三)语法构式的合成型

语法构式陈述概括,描述语法形式是如何被用来表达特定概念内容和认知功能的。每一个语法构式可被视为一个条件,管辖着语言表达复杂概念的方式。语法构式通过叠置组合而成,如果符合共同的条件,就能相互适合,被置于一起。一种语法构式陈述一些限制,在这些限制下,其他语法构式就能相互结合。

在认知语法中,一个句子的语法构式是由多个语法构式给定的。每一个语法构式有一个层级性语义结构的语义极和一个层级性表达结构的音位极。概念范畴具有概括性,是在个别概念层次之上的。这些概念范畴包括特性、事物、过程、方式等。

四、认知语法的"识解"

语义是语言的核心,而语义的核心又是识解。识解使得语言使用者可以用各种不同方式来看待相同的和不同的事件和语言行为。语言由此变得更加复杂和灵活。

识解指的是人们的认知能力,不同的认知方式作用于同一情景,导致了不同的语言表达和不同的意义。研究人们的不同的认知能力在语言表达中的具体体现正是认知语言学的总体任务。

把动态的认知过程引入语法分析,是认知语法的一个鲜明的特点。同样一个对象,认知视点的不同,会影响人们选择不同的句式去表达。认知语法把这种认知视点变换与语言结构的选择之间的相互作用现象叫作"识解或诠释"。"识解"即听话人和说话人倾向于对某个特定情景形成无穷的理解。

Langacker 创建了一套分析句法范畴的语义识解系统(精密度、辖域、背景、视角、突显)。在跨语言对比时,我们会发现有很多相同的意义范畴,但这些相同意义范畴的识解却因语言而异。这成为认知语法的一项主要内容和一个重要特点。

"识解",特别是其中的突显原则,包括侧面与基体、射体与界标,对于语言理解和语法分析既十分新颖又非常实用,在以下几个方面都有一定的解释力。例如,①用来解释词义;②划分词类;③分析所有格构造;④可用于描写基本句型;⑤分析分句主语和宾语的择用情况;⑥解释语法构造;⑦解释隐喻和换喻。

语言使用事件是一个实际的语言使用行为,无论是语言表达式的选择、语言资源的利用,还是非语言资源如记忆、规划、问题求解能力、百科知识,以及对社会、文化和话语语境的把握,都是由语言使用者控制的,即在语言使用过程中,语言使用者的主体性起着关键的作用。因此,语言使用中的语义建构离不开语言使用者的识解。

五、认知语法的"研究范式"

认知语法是从生成语法的阵营中分离出来的,它代表了一种全新的研究范式,这种范式的具体特征包括:语法结构的自然性、概念的统一性、语法结构必须满足内容要求的原则、语法和语义具有互释性、语法结构的最大化特征、具体化单位和结构图式间的不可还原性、语法抽象的过程具有自下而上的特性、语法网络模型的各结点通过延伸进行具体化和相似性链接、网络模型各结点具有不同程度的认知突显性和被说话人接受的程度。

所有这些特点的理论基础包括三个方面,即语言单位具有象征性特征、语言结构基于用法模型的特征、语法结构呈网络模型的特征。在理论基础的这三个方面中,语言单位的象征性特征又是最根本的,它决定着另外两个方面。因为象征结构的语义极(semantic pole)是人对客观情景的概念化,包含了人的识解。这就把语言的使用(即"用法")提到了本体论的地位,并在使用中抽象出各级结构图式,因而使包含结构图式和具体化单位的语法系统呈网络模型。

六、认知语法的"最大化"

生成语法理论的最新发展体现了一种简约主义,以最简方案为指导的生成语法研究旨在揭示语言理论最基本的运算规律。古典生成理论有三个信条,其中之一就是经济原则,认为语法应以最简约的规则对尽可能多的语言事实做出解释。另外两个信条为生成性原则和可还原性原则。

生成语言学认为,语言可以被描述成一个算术系统,因而语言学就像逻辑数学中自动理论一样是一门形式科学。乔姆斯基在寻求离散的范畴和绝对的原则的时候,严格遵守"经济"的原则,即在建立某一语言的语法时,将经济放在首位,并且认为冗繁的陈述意味着丢失有研究价值的概括。

与此相反,Langacker 将语言比喻成"生物"。尽管语言中的某些方面或许具有离散性和算术性,但是,总的来说,语言更像是一种生物体,与心理的精确性相比,对经济的考虑应退居其次。在对语言结构的认知表述中,冗繁应该是允许的。有鉴于此,认知语法是从繁的,而生成语法所信奉的语法模式是从简的。例如"最简方案"是乔姆斯基理论过去 20 年来的最新发展,该理论强调关于语言的陈述尽可能简单而具有普遍性,所有的表现形式和生成过程应该尽可能经济,解释语言现象的工具应该尽可能少。

"从简"是说应采用最少的必需的理论上的和描写上的装置来描写语法,即语法越简单越好。一个"简化"了的语法模式假设为:如果某语法的规则能充分描写某一特定结构的构成,那么,该结果就完全没有必要单独地在该语法中列出来。

认知语法信奉的是基于用法的模式。基于用法的模式致力于研究语言运用对语言知识的形成和表征的影响,它是同生成语言学的语法表征模式相对立的。后者认为,只有语法形式结构决定它在说话人头脑中的表征;而基于用法的模式认为,话语的运用也起作用,尤其是运用语法形式结构出现的频率。换言之,语言知识的运用和表征对使用的频率是很敏感的。

与语言单位的象征性特征一样,语法结构基于用法的模式也是认知语法的基础特征,而且也是在抛弃生成语法基本理论原则的基础上形成的。因此,认知语法中语言知识的范围比传统看法要广。基于用法的模式在语言描写中采取的是"从繁"的原则,认为语言系统是约定俗成单位的、庞大的、高度冗繁的总汇。这些单位是从非常概括的到非常具体的,它们之间没有明显的差别。基于用法模式从实际存在的语言单位入手,在语言单位的基础上抽象出不同抽象程度的结构图式。语法不仅包括结构图式,也包括成为了单位的语言结构。此外,认知语法认为语法模式应该是非简化的。语法应该包括描写具体结构的规则或句型和与此相关的个别知识。和经济原则相反,认知语法将具体化单位归入语法,体现了认知语法的"最大化"特征,而经济原则体现的是"最小化"特征。

七、认知语法的"语法观"

认知语法的理论基础也就是它不同于生成语法的关键之处,在于下列三点。

1.语言单位(包括结构图式和具体化单位)的象征性特征。

2.语法结构基于用法模型的特征。

这两个特征决定了认知语法关于句法、语义与音系的总体理论框架。

3.语法结构具有网络模型的特征,该特征是对认知语法结构形成的概括。

在乔姆斯基学派中,语法是一种形式演算,这样的形式演算可以通过一套规则系统加以描述,规则具有高度的形式化特征,独立于语言表达所蕴含的意义之外。语法系统包含几个相互作用的子系统,每个子系统可以看作是一个组件,每个组件可以划分为规则子系统和原则子系统,规则子系统就是语法的组成部分。

生成语法认为语法(特别是句法)是独立于词汇、语义以外的系统;语法范畴建立在形式而不是意义的基础上:说话人可以不管意义,只要根据语法结构就能决定哪些句子是造得好的。在生成语法的范式中,语法是一套可以生成具体语言的深层规则。生成语法认为语言是按一定顺序排列、含义固定的符号串,语法是生成符号串的系统。语法及语言结构只关乎符号逻辑,与具体意义无关、与语境无关、与社会功能无关。

认知语法认为,语法是由语法范畴和语法构造组成的,构造不是部分的综合。语法构造是复杂的概念结构和表达这个概念结构的方法之间的配对结合。语法构造不是把无意义的形式任意地置放在一起的,而是表现人类组织基本经验的方法的。

Langacker 认为,语法就是将象征单位逐级组合成较复杂的象征单位格式。一个典型的语法结构通常是一个复杂的象征单位。语法构造就像词汇一样,也可能是多义的。语法构造是复杂的概念范畴和认知功能与表达创门的方式之间的配对连接体。

认知语法将语法看作是"传统语言单位的结构化清单"。语法是象征符号的清单。语法与其说是一个规则系统,不如说是由各种大小的象征符号(从语素到句子到语篇)组成的清单,这些象征符号都是形式和意义的结合体。语法的这一"清单"特征也同时通过明显的拒绝语法的"过程"或"建构"特征而得以突出强调。而强调语法的"过程"或"建构"特征正是生成语法理论的特色,生成语法理论认为语法本身能够具体地规定句内项目的良好组合,语法仅是语义内容的一个结合体和象征体。

生成语法认为生成结构的语法是自主的,与人类的体验无关;而认知语言学家则认为无论是结构还是语法都是体验性的。语法是对概念进行符号化的能力。语法不仅受抽象形式的限制,也受神经和身体经验的限制。语言结构生来就是扎根于身体经验的。基本语法范畴和受语法结构限制产生的语言结构,是从我们体验性结构中获得的。语法不是一个抽象的形式系统,而是一个神经系统,语法的特征就是人类体验性神经系统的特征。语法包括高度结构化的神经连通,它将大脑中的概念方面和表达方面连接起来,包括语法范畴、语法结构和词汇项。

认知语法在处理语法问题时很有独到之处,与乔姆斯基的生成语法有很大区别。生成语法是一种生成装置,具有构建性;而认知语法不同,它认为语法仅仅是给说话者提供了象征资源的总汇,运用这些资源构造和评价恰当表达的是说话者而不是语法。

生成语法比较注重形式,而认知语法比较注重意义。乔姆斯基强调语言获得中内在的认识能力,并在较为抽象的平面上论证语言习得的逻辑前提,分析语言的形式结构和各种带有普遍意义的限制条件,带有浓厚的经院色彩。

Langacker 的认知语法强调人的一般认知能力和百科知识对语言理解的重要性,并以直观的"概念"为核心来消解词汇、词法和句法之间的理论界限,带有浓厚的世俗色彩。

第五节　认知观—语言观—语义观—语法观

一、何谓"认知"

认知语言学研究源自一个基本前提:在语言和客观世界之间存在一个中间层次——认知。认知,译自英语中的 cognition。根据《辞海》,认知就是认识,指人类认识客观事物,获得知识的活动,包括直觉、记忆、学习、言语、思维和问题解决等过程。

认知的最简单的定义是知识的习得和使用,它是一个内在的心理过程,因而是有目的的,可以控制的。知识的习得和使用牵涉到诸如感知觉、形式识别、视觉表象、注意、记忆、知识结构、语言、思维、决策、解决问题等心理表征在内心的操作,从"白日做梦"到为了解决问题而进行的抽象思维,都可包括在内。

"认知是人脑的一种特殊机能,是运用概念、判断和推理等形式反映客观事物的过程。人类是在不断认识世界、改造世界中进步的,在人类经历的几个社会形态中,都是以人的认识发展及由此产生的生产力发展为标志的。人类认识世界是永无止境的,认识的终止就意味着人类社会的结束。在人类认识发展的长河中,认识总是在不断完善,朝着不断正确的方向进展的,逐步走向绝对真理。认识永无休止,实际上就意味着在静态的某一阶段,人类认识尚有不足,看法依旧有误。因此,认知在不断地追求更加完整正确地理解现实世界。"

二、现实与认知

现实决定认知,认知决定语言。语言反映认知,认知反映现实。语言不仅反映认知,认知不仅反映现实;而且语言还可影响认知,认知还可影响现实。不同的语言结构、不同的语义系统,将对人们的认知产生不同的影响。人类语言促进了人类认知的发展,而人类认知的发展决定着人类语言的进步。

认知语言学家最重要的一个观点是:对现实的体验是认知的基础,认知又是语言的基础。他们认为:语言不是直接反映客观世界的,而是有人对客观世界的认知介于其间,即现实→认知→语言。"现实是认知和语言的基础,认知是现实与语言的中介,语言是现实与认知的结果。现实和认知对语言起着决定性作用。"

在新几内亚的语言中,有许多词语无法令人满意地译成英语、法语或俄语,因为这些词语所指的实际动物、植物或习语等在西方文化中无人知晓。词汇量是世界观复杂度的标记符。词汇量反映了对世界认识的复杂程度,复杂的认知会产生复杂的词汇系统。例如,印第安语里一般没有脱离具体事物的抽象说法。

如果在现实和语言之间没有"认知"这个中介,就不能解释同一物体为什么在同一语言社团和不同语言社团中会有不同的名称。英汉两种语言在很多词语表达和句法表达上的差异,都是由英汉两民族在认知上的差异所致。

三、认知—语言

认知语言学将语言视为一个非自主的系统。这一观点将语言置于人与环境、人与同类的交往的大背景之下,认为在语言和人类的普遍认知能力之间存在密切的、辩证的关系。语言不是大脑中的一个独立部分,而是认知结构的一个组成部分。

认知语言学以其认知功能对语言进行研究,这里的"认知"指的是我们与世界接触过程中信息结构所起的关键作用。认知语言学视自然语言为组织、加工和传递信息的一种方式。因此,在认知语言学框架里,语言被看成是世界知识的贮藏所。认知语言学中的"认知"具有特殊的含义,这不仅是因为它的认知承诺,而且更是由于它积极寻找在概念思维、身体经验和语言结构之间的对应关系,以及发现人类认知或概念知识的实际内容不仅仅是结构。

认知和语言是人类进化和发展过程中的两个重要现象和事实,也是人类的重要机能,尤其是语言,它是人类区别于其他物种的最重要的标志。认知语言学的基本观点认为,"语言主要是人们在对现实世界感知体验的基础上通过认知加工而逐步形成的,是主客观互动的结果。有了互动的概念,就强调了人在认知自然世界过程中可发挥主观能动作用,也就可解释不同人之间为什么会存在认知上的差异、思维上的分歧,不同民族的语言表达为什么会不同。这是由于人类的认知方式不同,概念结构也有差异,所形成的原型、范畴、意象、图式、认知模型等也就存在差异,语言表达也就有了差异。

因此,我们的心理绝不可能像镜子一样来反映客观外界,其间必有人的参与,含有一定的主观加工成分"。

语言是一种认知现象,是认知过程所产生的结果。语言是对客观世界认知的结果和产物,语言运用和理解的过程是认知处理的过程。现代语言科学亦已表明在所有人类语言的背后都存在普遍的认知能力。语言不可能与其他诸如解释和推理等认知功能隔离开来。

人对外部世界的认知以语言为中介又通过语言体现出来。斯大林在《马克思主义和语言学问题》一文中曾说过,"不论人的头脑中会产生什么样的思想,以及这些思想什么时候产生,它们只有在语言材料的基础上、在语言的词和句的基础上才能产生和存在。没有语言材料、没有语言的'自然物质'的赤裸裸的思想是不存在的"。由此可见,语言是认知的物质外壳和体现形式,并将认知凝固下来。

四、认知语言学的语言观

一个人对语言的总体认识就是他的语言观。认为语言是怎样的,就会沿着这样的思路来思考,从而形成一种倾向性和定势,并成为语言的研究方法。语言学理论或学派的建立,总是以某种语言观作为指导思想的,而某一语言观往往也总是某种哲学观的反映。对语言性质的认识就反映了某一语言观,也是某一哲学理论的具体反映。语言有很多性质,不同的语言学派往往强调了语言的不同性质。正基于此,不同学派有了不同的语言观。例如,①语言学时期的语言工具观;②结构主义语言学的语言系统结构观;③功能语言学的语言社会交际观;④生成语言学的语言心智观和生成观;⑤认知语言学的体验认知观。

认知语言学从认知观出发来研究语言,强调从认知过程对语言做出解释,语言系统是各种认知常规的总和,可以被解释为是在不同通道中的激活状态。对语言进行描述和解释时要参照认知域、范畴、图式、脚本、认知模式等描写参量,因为语言知识是不能与百科知识截然分开的。对于语言表征而言,最主要的认知环节是对语义的记忆和利用知识进行语义推导,准确地获得对语言形式的语义解释。

Taylor 指出:语言形成了人类认知的一个组成部分,任何对语言现象的深入分析都是基于人类认知能力的。因此,认知语言学的目标就是从认知角度对以下问题做出合理解释:掌握一门语言意味着什么? 语言是如何被习得的,又是如何被应用的? 昔日的语言研究多重视语言形式、结构、内部关系的描写,或强调语言与客观世界的对应,而没有从认知角度将主观与客观结合起来深入解释语言,这是认知语言学不同于许多其他学派的根本区别之一。

第五章　认知语用——交际的心智过程

第一节　交际的分类

一、社会互动

（一）信息提取

第一种极其重要的互动模式表现为信息提取：我从这种模式入手是因为它们在动植物进化史上出现得最早，且为人类和其他动物所共享。为了更清楚地加以解释，我借用动物行为学研究者马克·豪泽在有关动物交际的书中提到的几个概念。在动物行为学领域，他提出了相互区别的三个概念：线索（cue）、符号（sign）和信号（signal）。

线索是个体表现出来的一种属性，它总是处于活跃状态，永远不会关闭。其他动物可以根据这种属性做出推理。线索的生成不需要特定动物付出任何代价，这是一种想摆脱都摆脱不掉的本能。野鸡的羽毛或鹿的角都是典型的线索。野鸡的羽毛和纵横交错的鹿角可以使其他动物推理出大量信息：对正在寻找配偶的雌性看到这些特征或许可以推知眼前的对象是雄性，并且评估该雄性对象是否与环境相适应，也可以对它的基因质量做出评判；一只雄性动物会判断如果开战，眼前的对手的战斗力如何；一个捕食者会利用看到的信息来决定眼前的对象是否是潜在的食物，等等。

对人类而言，线索表现为身体特征，尽管我们可以改变某些特征，比如染发以显得更加年轻，或者通过整形手术变得更加有魅力。

符号是区别于并且独立于生物体本身的一种参数，它可以被赋予多种不同的值：它由个体生成，有时候个体有明确的目标，但却没有任何交际目的。大象路过留下的脚印或者鸟儿构筑的巢就是符号的典型例子。大象去河边饮水，它并非有意让别人知道它的行踪，但其他动物可以通过大象遗留的脚印或排泄物推知这一信息。小鸟筑巢的目的是产卵和繁衍后代，并不是为了要告诉其他动物自己巢穴的具体位置,而其他动物只要看到鸟巢就会推知大量的信息。

对人类而言,符号本身就是一个具有歧义的概念,任何活动的一丁点迹象都有可能成为交际现象。一张折皱的报纸、一张未铺好的床或一副脏兮兮的餐具都是符号,这表明曾经有人读过报纸、在床上睡过觉,并且已经吃过早餐了。但在某些情况下,这些符号都可以具有完全的交际意义,即作为一种符号故意要告诉看到这种符号的人:报纸已经读过了、床被睡过了、早餐也吃掉了。对人类来说,只要符号的生成是有意向的,符号很容易变成信号。比如,窃贼在犯罪现场不小心留下的指纹就会成为侦探注意的符号。不难想象,窃贼可以为了减轻自己的负罪感,故意留下指纹。这时,指纹就由符号摇身一变成为信号。

信号是个体对其他动物实施的一种交际行为。它可以是活跃状态,也可以是非活跃状态。发出信号需要付出代价,它既可以在个体身上直接体现,也可以在时间或空间上与生物体分离。苍鹭觅偶的舞蹈或者犀牛用小便来标记自己领地的行为都属于信号的例子。苍鹭意欲表达它们对彼此的爱恋,而犀牛则有意向同伴们表明其在该区域的存在。信息提取的第二个案例属于硬科学,而不是动物行为学领域,这方面以克劳德·香农和沃伦·韦弗提出的通信数学论为代表。该理论在工程领域有很强的影响力,被广泛应用于电话通信和机器人等领域。尽管它在人工科学领域取得了重大成功,在人文领域却难施拳脚。

(二)意义的集体构建

1. 延续性和非延续性

延续性和非延续性界限不清晰,因为无法事先确定某种行为是否是延续的:同样是画一颗心,在空气中画、在沙子上画、在纸上画和在金戒指上画都是不一样的。根据不同的语境,只有后三种画法具有延续性。

因此延续性和非延续性不是泾渭分明的,而是呈现为一个连续繁统,可以识别出不同的延续性:从几分钟,到几天,到几个世纪。持续性状态是暂时的,不具有恒久性。

神经科学的研究进一步证实,这两种能力由两种不同的神经网络实现。鉴于这些研究成果,建筑和造型艺术属于同一范畴,即非语言交际。

2. 关联

在语用学领域,最具争议性、影响最广的理论是关联理论。关联理论由斯波伯和威尔逊于 1986 年提出,1995 年修订。两位作者雄心勃勃地要为整个认知科学打下一个基础,同时整合交际与关联。我们应该对他们的做法表示赞赏,至少他们勇于承担这样一个艰巨任务,并且取得了很大成就。

关联理论建立在一条根本的原则之上,这条原则由于统摄整个认知而被称为认知原则。"人类认知倾向于获得最大关联",这条原则的意思是人类倾向于把认知资源分配到处理最相关的输入,无论这些输入来自于内部还是外部。

第一条原则又衍生了第二条原则,由于这条原则是关于交际的,所以称为交际原则。通常又被称为关联原则。"每一个明示交际行为都假设它本身具有最佳关联性"。第二条原则的核心是行动者以一种隐性方式表明,通过交际某意义,他有相关的意义需要表达。关联理论的提出者们指出,明示指的是实施一种行为,以明示一种明示某事物的意向。

第二条原则指出,每一个交际行为必须保证其本身的关联性,即说话人清楚地表明,他的话语有足够的价值,值得听话人做出认知付出来理解他的话语。换言之,每个交际行为的构成元素以一种特殊的排列方式进行组合,以实现交际者的第一目标,即抓住听话人的注意力,使得他们值得付出努力来处理交际信号;把交际信号的元素进行排列的第二个目标是减少理解信号的认知消耗,促使理解更加顺利。

斯波伯和威尔逊认为格赖斯提出的合作原则过于具体了。于是他们尝试用一条关联原则取代合作原则。关联原则统筹认知的方方面面,因此具有广泛的应用性。为了增加其对交际解释的有效性,他们必须阐明语言处理背后的主要推理过程。然而,即使他们站在非极端的立场,所能利用的推理工具都依靠一种具体的认知逻辑,即认为人类进行推理运用的都是已经在头脑中表征的演绎规则。

斯波伯和威尔逊的理论思路可归纳如下:人类的基本认知方式是一套演绎规则,因此我们在推理的时候,这些规则将会发挥极其重要的作用。假定人类拥有这样一个演绎系统,而且他们能够成功实施交际,那么关联理论确立的演绎系统是不可或缺的。现如今,经过 20 年的激烈争论,心智模型理论在与认知逻辑的对决中取得了压倒性的胜利。人类的推理不是依赖与生俱来的逻辑规则,而是通过构建和操纵心智模型对客观世界进行主观表征。这就打乱了斯波伯和威尔逊的演绎框架构建计划,他们的关联原则并不能完全解释人们交际时所做出的所有推理。

暂时不考虑推理过程的脑部生理机制,仅凭一条原则是否足以解释交际的所有方面?尽管存在这些疑问,斯波伯和威尔逊对语用学的贡献仍是不容置疑的。正是他们的工作才使人们真正认识到了由格赖斯初步提出的语用推理机制的重要性。他们的研究促成了一股冲力,扫除了语用学研究中的绝对主义范式,颠覆了符号学和字面意义说:内容的选择是为了将其关联最大化;它并不能作为建立关联的起点和主要数据。

他们的研究是语用学领域最具影响力的学说。而且,认知语用学理论和关联理论都以建构主义为理论起点:意义是参与者共同建构的,它不是说话人编码和听话人解码的一种单纯信号。

二、交际行为

语言的语用研究始于语言哲学。语言哲学是 20 世纪 30 年代在牛津和剑桥形成的一股热潮,代表人物是约翰·奥斯汀和路德维希·维特根斯坦。维特根斯坦的《逻辑哲学论》在结尾乐观地提出第七箴言:"对语言无法表达的东西,我们悄无声息地绕过去。"维特根斯坦将源于逻辑实证主义的实证主义发扬光大。实证主义认为任何不能验证真假的话语都是没有意义的。

在哲学上,只有可以确定真值的话语才是有意义的话语。包括:

拿破仑·波拿巴出生于 1769 年 8 月 15 日。

大溪地岛是位于夏威夷的一个岛屿。

大溪地岛是位于波利尼西亚的岛屿。

从严格的实证主义立场来看,下面的语句在哲学上是没有意义的,因为无法确定它们的真值:

我希望你能像我爱你一样爱我。

威尔第没有莫扎特的成就高。

所有生物都值得尊敬。

实证主义暴露了难以克服的逻辑难题。其中最重要的一个难题涉及话语的意义和话语真值的证实。很多断言的真值可以通过查阅书籍的方式得以确定。

（一）所言即所行

语言哲学家的基本观点就是抛弃语言学家的抽象研究方法，转而聚焦人们在日常生活中对语词的使用——他们研究的不是语言规范，而是日常会话，即人们之间的语言游戏。"所言即所行"于是就成了语用学的座右铭。语用学关注人们相互之间如何通过合作构建话语。语用学的一个基本概念是言语行为。奥斯汀发现，在非常特定的场景下，某些陈述性的话语（施为句）可以同行为一样，改变世界。而且，这种语句没有真假。关键不是看语句是真还是假，而在于它们是否成功，即它们是"合适的"还是"不合适的"。

将语言视为一种言语行为的一个根本结果是语言被纳入到了规定人类行为的规则框架之中：在研究语言时，意向性就成了研究的焦点。

奥斯汀把语言看作是行为，他提出一个言语行为由三部分组成：言内行为、言外行为和言后行为。

言内行为指的是发出话语，确立话语的内涵和外延。

言外行为指的是说话人在发出信号时所表达的交际意向。

言后行为指的是说话人意欲通过发出话语，改变谈话者的认知状态。

言内行为表示说出了何种话语，言外行为指通过话语实施了何种动作，言后行为指通过话语意欲取得了何种效果。

言语行为的三个部分的实施成功与否取决于不同的适切条件。此外，前一个阶段的成功并不能保证后一个阶段的成功。

我们会注意到言语行为的言内行为和言外行为以及言后行为的第一个显著差异。言内行为和言外行为就本质而言属于常规，它们的实施基于说话人和听话人共享的语言知识。与之相对，言后行为是严格意义上的个体行为，完全基于听话人的个人世界，即它的实施发生在听话人的认识世界，说话人无法直接识别言后行为的效果是否合适。

（二）会话含意与会话准则

语言与交际之间最重要的桥梁是会话含意。为了更好地理解会话含意推理的起源，我们暂且抛开语言，从规定社会和会话互动的规范谈起。保罗·格赖斯论述了日常语言交际如何通过语词的使用传递交际意义，但这种交际意义绝非取决于语词的意义本身。换言之，有些意义不是直言的，而是通过直言以隐含的方式表达出来。这些会话含意是说话人有意向听话人传达的。请考虑如下会话：

A:克莱尔的男朋友长啥模样?

B:我真不明白她为什么会喜欢上这样一个男人!

B 的话语没有直接回答 A 的问题。但是他清楚地表达了他对克莱尔的择偶标准表示不理解。为了解释这种会话理解的推理规则,格赖斯首先指出每一个会话都是交际双方为了完成共同的目标而进行的合作。会话基于交际各方的交际进展,在某个特定的阶段,有的话语是合适的,而有的不合适。格赖斯提出了合作原则:"使你的话语,在其所发生的阶段,符合你参与的谈话所公认的目标或方向。"

这个总的原则又包含四个准则,类似于康德的四个范畴。

1. 数量准则

(1)使你的话语如交谈的目标所要求的那样信息充分。

(2)不要使你的话语比所要求的信息更充分。

2. 质量准则

设法使你的话语真实。

(1)不要说自知虚假的话。

(2)不要说缺乏足够证据的话。

3. 关系准则

要有关联。

4. 方式准则

要清晰。

与其他准则不同,方式准则与交谈的内容无关,它与交际方式有关系。具体分为:

(1)避免含混不清。

(2)避免歧义。

(3)要简短(避免冗长)。

(4)要有序。

值得注意的是,这些原则不仅仅适用于语言,也适用于所有的行为。

1. 数量:我期望某行为在数量上是充足的。我在做蛋黄酱的时候,让你加两个蛋黄,我希望你加的是两个,而不是一个或四个。

2. 质量:我希望你的行为是真实的。比如,如果你递给我一杯科尼亚克白兰地酒,我期望杯子里装的确实是科尼亚克白兰地酒,而不是彩色的水,甚至不是白兰地酒。

3.关系:我期望你的行为符合当前的交际所处的阶段。比如你在晚餐刚开始的时候不应该吃苹果派,因为苹果派只有晚餐进行到甜点环节的时候才能开始吃。

4.方式:我期望我的合作者以清楚明了的方式实施行为,并且行为的动作麻利、有序。比如我们一起组装录像机的时候,我需要知道你下一步准备做什么,我还期望你能在合理的时间内完成,不出现差错。

格赖斯提出合作原则的目的并不是为了告诉我们谈话应该遵循哪些条条框框,尽管有时候我们会教育孩子在谈话的时候要遵循类似的礼节。他提出这些准则的目的是为了解释我们在创造推理链时所依据的标准,而推理链是连接说话人的字面意义与听话人理解的意义之间的桥梁。

错误是对准则的不自觉违反,这在日常会话中随处可见。说话啰唆的人、喜欢做表面文章的人、说话时喜欢走神的人、说话颠三倒四的人等,在讲话时都会习惯性地、在无意中违反准则。

即便是那些愿意合作的人,在交际时也会违反准则,有时候他们没有意识到自己的违反,有时候即使意识到了也太迟了。犯错误并不是故意违反合作原则,因为说话人无意误导听众。听话人有时候会发觉错误,有时候则不能。教师能够在考卷中发现学生的错误,但财务咨询机构的客户或律师的当事人却不容易发现咨询方案或者律师建议的错误。如果说话人和听话人信息不对称,说话人所掌握的信息多于听话人,听话人往往不会发现说话人的错误。反之,如果听话人的信息超过说话人,说话人的错误很容易被听话人察觉。由此推知,如果听话人通过违反准则而推理出一些信息,那么这些信息不是说话人有意传递的,因为说话人通常不会特意让自己的错误被别人觉察。

欺骗是对一条或多条准则的有意违反,但这种违反不是为了传递某种交际意义。通过违反准则,说话人试图让听话人做出错误的推理,以达到欺骗的目的。说话人的欺骗行为是有意识、有目的实施的。同样,他有意识、有目的地不让听话人察觉自己被欺骗了。彻头彻尾的谎言违反了质量准则。

很多谎言一定程度上掩盖了事实的真相,而不是公然表达一个伪命题。医生未能告诉病人病情的真正严重性,一个青春期少年为了不让母亲担心而不提自己做错的事,一个心肠软的批评家需要批评时却三缄其口——这些都是违反数量准则而形成的欺骗。这些欺骗成功的前提是听话人感觉不到说话人交代的信息不全。英国法律规定,在法庭上,目击证人要发誓他不仅要讲事实(承诺遵循质量准则),而且还要呈现整个事实(承诺遵循数量准则),要只交代事实(承诺遵循关系准则和方式准则)。

如果在听话人未察觉的情况下,转变话题,这就违反了关系准则。"伪装"这个概念包括了对关系准则和方式准则的同时违反,而避免了违反数量准则和质量准则,对后两者的违反具有更严重的社会后果。

欺骗成功的关键在于被欺骗者意识不到欺骗者故意违反准则。欺骗者努力让自己的欺骗行为不具有交际意义,即不让欺骗对象意识到准则被违反了。当然,有时候被欺骗的一方可能觉察到自己被欺骗了,此时,他有两种选择:第一,揭穿骗局;第二,实施反欺骗,即诱导对方做出错误推理。这样的事例在间谍与反间谍领域屡见不鲜:某个间谍的身份暴露以后,可能假戏真做,传递虚假信息,迷惑对方,上演双重游戏。

利用是说话人利用违反准则的方式来传达交际信息,在这个过程中,说话人 A 引导听话人 B 做出一系列推理。B 作推理的依据是他意识到 A 故意违反准则。欺骗和利用的不同之处就在于,在欺骗时准则的违反是暗地实施的;而在利用的情况下,准则的违反是公然的,目的就是传递交际意向。下面我们来分析一个利用准则的案例。同义反复语,也就是那些从字面意义看来毫无信息含量的话语,利用的是数量准则。

第二节　交际的工具

一、合作

在日常面对面的交谈中,交谈双方的确会共处同一物理环境中,这是典型的交际。但是通过电话进行交谈,虽然交际双方彼此看不到,也非共处同一物理环境,却也可以诚心交流。显然,面对面地交谈与打电话交谈有很大不同:在打电话时,不可能依赖语言外交际,交谈者必须只能依靠语言,因此会失去很多有价值的信息。电话这种交际方式远不如面对面交谈复杂,但是打电话也是一种重要的交际活动,遵循交际的总原则。

现在我们再剔除物理共现的第二个要素——时间共现。如果 A 从悉尼往罗马打电话,她会意识到她的声音要滞后几毫秒对方才能听见,因为声音需要时间跨越到大洋彼岸。为了防止交谈抢话,A 和 B 会有意识延长交际空隙以便顺利进行话轮转换。这样就能给听话方留出足够的时间,从而使其能够遵守话轮转换规则。尽管信号发出和接收会有滞后,我们仍假定交际主体会遵循会话的总原则,当然有时候也会有一点微小偏差。

通过电子邮件进行交际,信号之间的滞后时间更长,而普通信件的时间差可以长达数天。在这些情况下,信号的界定以接收的时刻为准,而不是发出的时间。一封信件如果丢失,就不能算作是真正意义上的信号,只能看成是交际的中断。换言之,没有一种东西自打产生之时就是信号,信号的界定必须考虑到交际的接收方。因此,当不处于同一时空时,交际发生的时空便是虚拟的,只有听话人接收到信号并且当作是信号时,也就是说,当他认为接收到的是交际行为时,虚拟才会变成现实。

我们可以把通过电脑进行的交际视为虚拟交际。在这种情况下,对交际发生语境的分析是关键的标准。通过电脑进行互动的人们不再是某个系统的用户,而是完全意义上的社交行动者。最初人们被动适应复杂的计算机规则,现在大家都普遍认为对计算机的认知和使用完全取决于人的目标。

意义通过听说互动或读写互动建构起来。交际事件中的意义通过听说或读写的同时执行而实现。空间距离和时间差是由信号传递渠道导致的,而不是交际意义使然。还有一点就是,渠道影响内容:交际主体必须考虑到交际渠道会限制交际内容。交际者会根据渠道的不同自动调整信号。但是,我们必须认识到,熟练掌握一种先进的交际渠道并不是一件容易的事情。使用书面信号进行交际的传统只有二百年,在这之前,邮递是贵族或外交家的特权。电话的出现更是近年来的事情,很多老年人仍然不会使用电话。尽管使用电子邮件的人越来越多,但仍然是少数人在用。

每一个交际互动都是这样一种活动:参与者轮换主动发话,互动的责任也在参与者之间均摊。在语言哲学、社会学、语言学、心理学、心理治疗等领域,把交际看成是一种共同行为的方法得到了普遍青睐。相比之下,有观点认为交际是一种交际者被动参与的、在时间上延续的活动,这种观点得不到普遍认同。如果把男女接吻行为的双方切分成互相独立的两个个体加以分析,然后再把个体的身体的、认知的和情感的因素完全分开来研究,有什么意义呢?不管将男女作为个体分别研究取得的结果是什么,两个结果加起来不可能等同于对亲吻行为整体的研究,无论是从观察者的角度,还是从亲吻双方个人的感受角度来看,都是如此。

心理疗法讲究两种方法:合作与操控。一派心理疗法以唤醒病人的意识为原则,即通过与心理治疗学家的接触,逐渐意识到自己的病情。撇开各种具体方法的差异不谈,在心理分析和认知治疗领域,为了让病人恢复健康,需要让他知道自己到底发生了什么。只有深刻理解和接受心理治疗学家所作的分析,并改变导致病人行为的心智状态,病人才会摒弃病态习性,重构自己的生活方式以获得更多的幸福。通过与治疗学家互动的方式一起治疗、一起重构,病人可以自主地选择自己的生活方式。

另一些学派则认为病人对自己疾病的理解对康复来说于事无补。行为疗法、暗示疗法、指示疗法和家庭疗法都断言病人的身体状况与他们的行为方式相关。在他们看来,治疗学家的任务就是对病人的行为进行直接干预,改变他们的不正常习惯,并把他们引向治疗学家认为是正常的生活方式。这样,治疗学家不用专注他们与病人之间的关系,而只需要以最快、最有效的方法对病人的行为进行重构。

操纵法由行为主义范式演变而来,行为主义认为意义产生的唯一源泉是其信号发出方。因此需要制定周详的计划,进入病人的心里,直接改变其行为方式。操纵法模式不使用谈话的方式,而使用授课的方法,听话人不断接受刺激和正面反馈。信号发出方持续关注信号接收方的反馈。但是发出方关注反馈的唯一目的是弄清楚接收方是否正确理解了信号。自然,信号的理解与否也是按照信号发出方的标准进行衡量的。

根据操纵论,信号理解正确与否,其决定权始终由 A 掌握,B 被用来衡量 A 的话语的效果。A 熟知自己的心智状态,包括他的发话动机和做出的语言选择。这是一个"黑匣子"解释模型,从来没有考虑心智状态如何,而只考查输入和输出。说话人掌握行为的主动权,而听话人处于被动地位;当话轮交换的时候,主动权也随之交换。至于角色转换涉及的因素如理解,知识调整、转换中的冲突等,操纵论语焉不详。

操纵论在交际研究中一直处于主要地位,虽然这种方法得到了广泛应用,但其理论价值不高,与本书介绍的合作法大相径庭。想想电视机整天重复播放的广告吧,这些广告投入巨大,但收效甚微,让观众感到反感。如果他们换一种能够抓住观众注意力的方式,而不是整天重复播放同一条广告,就会换来更大的收益。广告商们竟然不知道行为主义在半个世纪以前就销声匿迹了,观众受到的待遇还不如斯金纳做实验用的鸽子的待遇好,这让人情何以堪。至少鸽子还有吃有喝,不用经受电视广告的狂轰滥炸。

从合作的视角看,成功与失败在参与者之间平均分配。后面我们会讲到,听话人对话语的理解承担的责任一点不亚于说话人,他会纠正说话人对共享信息的错误假设。

交际的最常见形式是会话,应把它视为一种动态的互动。会话是一个整体,在其中,每个主体的话语都会具有一定的意义。有研究把对话进行肢解,切分成一个一个的言语行为,主体轮流承担主动和被动角色,这种研究方法欠妥。而相反的做法则是对的:每一个参与者无论是在发话还是受话的时候,也无论是在书写或阅读信号的时候,他们始终都是主动的。

传统语言学和心理语言学仍然孤立分析单个的言语行为,我们必须认识到这是一种人为的切分。不要指望这种研究方法会触及问题的核心——要清醒地认识到这些研究者的研究对象是交际,而不仅仅是句子和词语,他们也是如此给自己定位的。本章后文会讨论私人心智状态,即只属于个人的心智状态,如信念、知识、意向和动机等。但是当交际发生的时候,所有参与者的心智状态都同时处于活跃状态,而不是一会儿活跃一会儿不活跃。同样的道理,当两个情人接吻的时候,虽然他们有属于自己的嘴唇、荷尔蒙和情欲,但在接吻时,这些因素都融合成为一个整体。

虽然从认识论角度讲,可以使用一些本质上属于个体的基本概念,我们必须牢记,在自然状态下,互动就意味着一种共同参与的活动,我们在对其肢解以后,对其重构时就要把各种复杂的因素重新还原。另一方面,当我们认识到不能把复杂的交际简约为个体参与者的行为之后,也不能放弃对参与者私人作用的分析。

二、心智状态

在任何时刻,人类总要经历一系列心智状态:情感的或认知的,有意识的或无意识的。

(一)共同注意

参与者需要在交际中有意识地集中注意力。交际者不但要在当前的互动事件中保持高度注意力,而且还要确保其他参与者也在这么做。

建立目光接触是人类与生俱来的能力,在一个月大的婴儿身上就表现得比较明显了。人类本性喜欢交际,这可以从一些事实看出来,比如人类交际所需要的很多能力都在大脑中先天具备了,并随时可以利用。

建立接触的方法不止目光这一种。当交际者彼此看不到对方时,声音就是另外一种方式。如果声音的效果不理想,谈话者的一方就会开始抱怨,交际的开头就不会像上面这样顺利了。

只有具备接触条件,交际才会进行。参与者们都知道,从这时开始,所发生的一切都是共知的,不管提到的是自己的行为还是对方的行为。

(二)共享的信念

在语用学的文献中,知识与信念是两个紧密相关的概念。这两个概念通常被形式化为谓词算子或模态算子。传统的观点把信念当作是一个基元。信念的特征由雅各·辛提卡的逻辑理论提出来的一组公理来界定。辛提卡的理论存在全知逻辑问题:他的理论要求主体必须相信他们每一个信念的所有逻辑推导结果。库尔特·考诺里格为全知问题提供了一个解决方案,他的模型允许主体具有不完备的推理规则。但是,这个模型的前提仍然是主体必须执行力所能及的所有推理。

辛提卡的理想主体与真实的人类主体相差迥异,因为人类主体可以做到:相信某特定事实,但出于某种原因,不对该事实作任何逻辑推理。首先,人类不具备任何形式的心智逻辑,因此就不能准确无误地推导出自己信念的所有逻辑结果。这已经得到了矛盾认知逻辑和心智模型理论的证明。心智模型理论认为人类具有演绎能力,这种能力源自于人类能够利用心智模型对现实情境进行表征。思维过程就是构建和完善这些心智模型的程序,得到的结果有时候正确,有时候则呈现规律性错误。逻辑是人类发明出来的,它通过形式化使得自然推理能力更加完善。逻辑不是对天生神经线路的激活,如果我们否认这个事实,就很难解释为什么人们在解决涉及演绎推理问题时,经常会犯错误。

人类主体和理想主体的第二大不同在于人类的信念系统有时候出现前后不一致。这种前后不一致有时会导致局部矛盾。人们可能会认识到这些矛盾,但他们通常会忽略。例如,一个人狂热地坚信人人生而平等,但在特定的时候也表现出种族主义的态度。

关于信念系统,还有一些其他理论版本:如赫克托·莱维斯克提出了显性信念和隐性信念;费根和哈尔彭试图把意识这个概念形式化。可惜的是,这些版本在不同程度上也体现了全知问题。这种尝试之所以不成功(就模拟人类行为而言),原因就在于它们把人类主体给理想化了,没有考虑人类的生理局限。这些失败说明,任何严格以逻辑为基础的研究思路,要么假定人类拥有推导自身信念的超自然能力,要么会导致理论弱化,其建立的推理能力远不如真实的人类推理能力那么强大。

对交际心智状态的探讨离不开共享信念这个概念。为了引入这个概念,有必要区分三种信念:个人的(individual)、共同的(common 或 mutual)和共享的(shared)。为了给我的定义留出余地,我的上述区分是凭借直觉做出的。

在有些情况下,所有主体持有相同的个体信念:所有的主体都处于大致相同的环境中或共享相同的文化知识。比如 A 和 B 都对喜剧感兴趣,或者 A 与和平主义者们一样都相信所有的原子武器都应该被废除,抑或 A 与所有人一样相信我们是父母生的。人类互动都是基于类似的信念,这些信念在人们之间传播。我们将之称为共享信念或相互信念。

克拉克提出了共同知识这一概念,指的是两个或两个以上的人们共同享有的知识、信念和预设。有了这个概念,我们就可以根据不同人群的共享信念的种类,划分出文化社团。文化社团是共享某一独特知识的人类群体,这些知识是其他社团的人所不具备的。肝脏病学家们之所以是一个社团并不是因为他们居住于同一个村庄,而是因为他们共同享有与肝脏或肝脏疾病相关的信念、实践、术语、规约、价值观、习惯和知识。同理,埃及人最熟悉埃及,天主教徒最了解天主教义,机械工人熟悉各种车辆,集邮家深知邮票,社会学家专攻社会学,吸毒者对可卡因有深刻体会,青年人最知道年轻的感觉,如此等等。每一种专门知识都是由事实、程序、规范构成的,它还包括认为其他成员也理所当然地拥有这些知识。知识呈现等级性:有些信息是重要信息,每个成员都必须掌握,而有的信息则是可有可无的边缘信息。

但是,只拥有共同信念还不是交际的充分条件。假如某人在一个人生地不熟的国家,不懂当地语言,当他需要向别人传递自己的心智状态时,他不可能用一个只有他自己才懂的手势来传递。除非他认为其他参与者也知道这个手势的意义,否则他的手势在别人看来毫无意义。从外部来看,每一个在场的人或许知道这个手势的含义,但是如果他们不确定别人是否也知道这个手势的意义,他们就不会用这个手势。据此我们可以得出结论:为了实现交际,除了拥有共享信念以外,每个参与者还必须认识到其他参与者也拥有这些共同信念。

共享信念的定义不仅包括那些言语事件参与者们都共同拥有的信念,而且每个参与者都要意识到别的参与者也拥有这些信念。从心理学角度分析,共享信念有一个重要特征:它是主观的,而共同信念则是客观的。事实上,没有人能够百分之百确定他人是否具有某一知识,他们最多只能假定别人具有,也可以相信他们是共享的。辛提卡提出的那种真正知识要求主体必须能够直接看得到别人的心智状态,而不是仅仅根据语境推测。从理论上讲,我可以装作同别人一样认为地球是圆的,但私下却认为它是平的,别人并不会知道我心里到底是怎么想的。就共享信念而言,采取主观视角即意味着从根本上而言,每个主体都拥有一组共享信念,包括主体自己认为的他与他人、其他群体或整个人类所共享的所有信念。

(三)意识

在看待意识这个话题时,大家普遍(无意识地)带有某种偏见。这种偏见随着弗洛伊德那本革命性的、影响巨大的专著《梦的解析》的问世就已经渗透到我们的文化中了。随着该书的面世,人们理所当然地认为,无意识是一个深不可测的水池,潜藏着意识感觉不到的知识,它可能会影响到人们的行为。根据弗洛伊德的理论,从无意识到有意识就如同在黑暗的屋子里点亮一盏灯:屋子里的摆设还是原来的样子,只不过我们看到了以前看不到的东西。由此可以推出,一旦消除了识别意愿的阻碍,意愿就会在意识中一览无余。

认知科学却不这么认为。对某个事物的觉察需要构建,它不是心智状态的本能特征。以前处于无意识管辖的事物不可能在意义不发生任何变化的情况下,一下子过渡到有意识状态。这不是把静止的知识从一种状态转换到另一种状态,而是一种阐释的过程,是将一物转换成另一物的过程。用认知科学术语来说,从无意识心智状态过渡到有意识心智状态会改变知识的内容,强迫某物进入到特定的阐释框架下,这种框架通常以系列呈现;在发生转变之前,它以一种完全不同的方式表征,通常呈平行表征状态,并对我们的分析工具作了进一步的完善。它指出,很多认知过程,既不是有意识的,也不是无意识的。它们是非意识的,前提是它们只体现在神经层面,未经过任何心智加工。

第三节 行为游戏与会话游戏

整个使用言语的过程可以看作是一种游戏,这种构想由维特根斯坦首先提出,他最原始的表述是语言游戏。使用"游戏"这个词的目的是强调说话是人类活动的一部分,或者"生活方式"的一部分。维氏在使用"游戏"的过程中,赋予这个术语如此广泛的意义,这使得他能够从宏观视角审视一系列通过运用语言而完成的游戏。这也显示了该术语具有极大的灵活性。

一、行为游戏

在会话中,我们必须区分清楚交际能力和互动图式。交际能力是指心智的一般特征,而程式化的互动图式受文化制约。事实上,互动图式或许只适用于几个人组成的小群体,甚至只适用于两个人。交际能力从形式上看具有元层面的特征,支配第一层推理;这些推理执行的基础是所有主体共享程式化互动图式的表征。

行为游戏是一种结构,凭借这种结构,行动者可以协调人际行为,也可以在面临歧义话语时,选择正确的意义。

(一)行为游戏的结构

行动者双方要在行为层面合作,他们必须共享或部分共享某个计划。根据埃尔伦堤、巴拉和克伦贝蒂,我把 X 与 Y 之间的行为游戏看作是 X 与 Y 共享的行为计划。行动者双方在同一个游戏中能够互动的共享知识可能是隐性与显性相结合的知识。后面我们还会讲到,交际双方对游戏的表征可能是显性表征,也可能是隐性表征,隐性的知识表征也足以为交际双方的行为提供参照。换句话说,为了玩好游戏,行动者必须在记忆中对游戏有所表征,但他们不一定能够意识到这种表征。

行为计划可以看作意向的树状图,那么,根据语境,树—叶既可以代表执行某行为的具体意向,也可以表示稳定的意向。除非为了表述清晰的需要,在论述游戏时,我只描述理论上该有的行为。其实,我指称的都是执行某种行为的意向而不是该行为的具体执行过程。因此,与行为具体执行有关的问题,例如运动控制和具体的身体条件等都不在本书讨论范围之内。

除行为外,行为游戏还包括有效条件,它规定了游戏运行的条件。有效条件可以被认为是适切条件的延伸。适切条件由奥斯汀提出,它们是施为句成功实施的保证。有效条件的关键特征是时间和地点,这些特征不仅适用于施为句,也适用于游戏的任何步骤。然而,有些游戏还要满足一些其他与参与者的心智状态相关的条件,或行为实施的限制条件。这些条件包括(游戏的)方式和效果。就方式而言,试想在一场正式宴会上,我们关键要做到言谈举止要礼貌,比如正确使用餐具、得体的言语交流,而宴会提供给客人什么样的食物及客人对这些食物的喜欢程度如何,则无关紧要。关于效果,试想如果你的未成年女儿侮辱了警察,而警察要逮捕她,为了不让她被捕,你要思考的问题很多,但是在你与警方的互动过程中,时间、金钱或尊严都无所谓,唯一重要的是最终警方能够释放她。

(二)游戏的种类

行为游戏有多种分类标准,我倾向于把游戏的外延作为分类标准。我认为游戏在本质上具有某种对等的结构,差别是游戏的参与者数量有所不同。

游戏主要有三类:

文化游戏:这些游戏常见于某种整体文化,影响很多人。

集体游戏:这些游戏见之于有人数限制的群体。

双人游戏:这些游戏只有两位参与者。

文化游戏所指的"文化"涉及的现象非常广泛,从文明世界到西方文化,从中欧传统到巴黎风格。这就是说,如果两个来自同个文化社团的人在某个特定的情境中参与某个具体的游戏时,他们相互都明白彼此希望对方做什么。

当然,游戏传播得越广,所期待的行为就会越接近社会规范。这样,这种游戏就既可以通过直言相授,又可以经验相传。这类游戏涵盖了从向人问路到礼仪书本上规定的种种礼节。这些游戏规则因国家而异,对此,旅行者能够充分意识到。例如,在西方社会,对别人说"对不起"是理所应当的,而在日本则是被禁止的,因为在日本对别人说"对不起"就会被理解成拒绝承担责任。跨文化交际学的研究都表明文化影响着互动的方方面面。另外,由于受到跨文化心理学的影响,这种研究方法造成了对普适论的削弱,人们越来越重视种族中心论。这里,我们以"恭维"和"致谢表达"为例。这些表达因文化而异,但在它们的运作中不是很明显。餐桌礼仪涉及很多方面的内容,比如餐后不能打嗝;吃菜吃两轮,而且只能吃两轮。常见的礼节如:当别人第一次要求你做某事的时候,要表示拒绝,进而向对方表达自己多么迫切希望对方能够给自己更高的要求,并且自己即使粉身碎骨也在所不辞。在君主路易十三专制统治时期,三个火枪手经常这么做,他们不惜牺牲自己的生命,展示对国王的效忠,如此一来,这种做法就变成了一种宫廷礼仪。愿意接受的要求难度越大,越能清楚表明自己的彬彬有礼和忠心耿耿。

人们对语言外行为的研究已经取得了丰硕的成果。空间关系学显示,不同的文化对互动中在交际双方保持多长距离,有不同的规定。与北方人相比,南方人在交际过程中双方的空间距离要短一些。拉弗兰斯和马约的研究显示,关于眼睛凝视,在北美,黑人和白人需要遵守不同的规则。黑人在说话的过程中眼睛会盯着对方看,但在听对方说话的时候则不会;白人则恰恰相反,听话者会注视着说话者,而说话者只是偶尔看一下听话者,且只有当他即将结束自己的话语时才会注视对方。所以,在黑人和白人之间进行种族间对话的时候,如果是白人在说话,那么眼神交流不仅少而且短暂;相反,黑人说话的时候,眼神交流几乎不间断。

集体游戏就集体游戏而言,它对参与人群有一定的限制,一般情况下,参与者共同构建和参与他们指定的游戏。具有这些特点的群体,如哈佛大学法学院毕业生,西西里黑手党和越战老兵等。

集体游戏可能是通过显性方式传授,但通常是经过模仿学会,而且可以在不经意间不费吹灰之力掌握。一个特别有意思的集体游戏是:群体成员希望互相认识自己群体内的成员,而不被群体外的成员识别。玛丽莲·墨菲提到,女同性恋者希望认出其他女同性恋,而又不希望外人知道自己是同性恋。这时,她们会使用很多策略:除了观察她们的外表、坐姿如何,如何观察其他女人,以及如何移动她们的身体。

双人游戏由两位参与者合玩,而且只适用于参与的这两个人。双人游戏有可能会扩大成集体游戏。通常来说,两个朋友、两个同事或两夫妻都可以自行制定新的游戏结构。

集体游戏会把文化游戏个性化,而双人游戏可以做到既把文化游戏个性化,又把集体游戏个性化,以至于构建只有自己认识的游戏版本。例如,两个朋友可以用互相羞辱的方式表达问候,而不像别人那样互相问好。小团体的内部语言都是根据这个原理演变而来的。

人们可能会问,是否有比上面提到的游戏适用范围更广的游戏,或者说,是否存在一种适合于全人类玩的游戏?答案是肯定的,一定存在着某些适合于全人类的行为图式,比如母亲保护自己年幼的孩子。但是一种游戏要适合全人类,它必须是先天决定的,从我们出生的那刻起就已经在我们的基因里存在。正是因为这个原因,我们的定义不包含此类游戏。游戏的结构必须通过学习才能掌握,游戏具有协商性,也可以拒绝加入。因此,如果行为图式是与生俱来的,就不属于行为游戏。当然,任何具体行为,不管是先天的还是后天的,都可以用来构成游戏的步骤。

(三)参与游戏

参与者要满足两个条件才能开始玩游戏:一是游戏具有可玩性;二是参与者对游戏感兴趣。这种双重条件在无人参与的游戏(参与者作为被试对象参与的游戏例外)中表现得更加明显。

如果有读者在此时此刻有突然想喝茶的念头,那么他就要认识到,只有一种具体的方案,即他自己给自己沏茶。那他有没有水壶?有没有水?有没有合意的茶叶?缺少任何一个元素,都会阻碍喝茶这个行为的实施,除非另有其他方案。比方说,如果没有茶叶,喝咖啡凑合一下;或者另外制定一个计划以继续实施当前方案:例如自己出去购买茶叶;此外,他还必须有条件实施买茶叶的方案。假如他被缚在床,那么他就不可能执行任何行为,连往茶壶里加水这样的简单行为都做不到。

我们反问自己是否可以实现这个行动计划。显然,行动意向看来是没有任何问题的。然而,需要强调的是现实情况要更为复杂。事实上,当前意向必须服从主体的其他处于活跃状态的意向,包括近期和长远的意向。例如,读者可能希望赶时间阅读完这一章,这样,他就不会中断阅读而去沏茶。还有时候,当前行动意向可能会与长远意向发生冲突,比如说,如果该读者由于身体原因每天必须控制咖啡因的摄入,而今天他已经喝了好多茶了,这时出于健康考虑,他会放弃喝茶计划。

任何意向都会与主体中活跃的其他行动意向发生冲突,这就需要维持一个意向等级;否则,整个行为计划在实施过程中就会被不断地扰乱和打断,就像婴儿那样抵挡不住任何诱惑。我们现在用前面的论点探讨多人参与的游戏,而单人在执行行为计划时的表现也会在参与行动计划的多个人身上体现出来:即游戏是否具有可玩性,是否每位参与者都有参与游戏的动机?

　　有效条件分为三类,其中两类(时间与地点)是固定的,另外一类是开放性的,这样任何游戏的条件都是该游戏独有的。下面我们对三类有效条件逐一论述。

　　时间行为游戏,不可能时时刻刻都会发生。例如"工作时间""营业时间"和"服务时间"等概念把主体和固定时间绑在了一起。职员接受工作任务,烘焙师出售面包,出租车司机载客到达目的地,这些行为要求只有在他们的工作时间内才可以接受。工作时间之外,他们完全没有义务提供任何服务。

　　在其他情况下,时间条件就没有那么严格。在家里,人们一般七点开饭,但是偶尔推迟几分钟既不会影响吃饭也不会改变人们吃饭的意愿。

　　地点游戏,有它发生的情境,在这种情境中游戏的固定步骤才得以完成。据此,奥斯汀认为,不恰当的情境使得施为句的实施缺乏适切条件。因为行为游戏包括了奥斯汀所提出的全部施为过程,所以一个简单的施为句就相当于行为游戏中的一个步骤。

　　如果游戏不涉及施为行动的程序,就不会受这么严格的空间局限,至少不会立刻导致行动的失败。尽管如此,地点约束有时还是很重要的。请看一个发生在心理治疗背景下的案例:即心理医生在这个空间里对他的病人实施治疗。一个简单的标准场景,包括两张扶椅或一张扶椅和一张沙发床,摆放在心理医生认为最合适的位置。最常见的摆放方式是能够让医生和病人可以面对面坐着,或者医生坐在病人的后面。背景摆设对诊疗效果至关重要,它彰显医患双方的关系,有助于理解说了什么及还有什么没说。背景摆设是如此重要,即使再专业的心理医生,如果脱离了平时的工作环境,都会感觉极不适应。不在正式背景下进行的心理治疗很难达到效果,因为离开那个特殊环境,很难把双方看成是治疗和被治疗的关系。

　　其他条件,有些游戏可以根据自身特性规定其他有效条件。有些游戏对顾客有具体的要求,如想租车的人必须要出示驾照和信用卡;有些游戏要求其参与者必须满足一定的职业资质,如要想从事医生这个行业,就必须参加并通过所在州规定的医生资格考试;有些游戏则对参与者之间的关系作有限定,如上级只能命令下级,而不能命令其他人,反过来,下级则必须服从自己上级的命令,而不用服从其他人的命令。

然而,鉴于任何约定俗成的互动都可以称为游戏,游戏所规定的有效条件在原则上是无限的。

二、会话游戏

会话游戏被定义为一组任务,每位参与者在会话过程中必须按照既定的顺序完成这组任务。每个任务都是话语产生或理解过程中的一个阶段。

各个阶段的任务是通过一组名为基层规则的推理规则完成的。会话游戏可以被概括为是一组元规则。元规则不仅规定了每个阶段要执行的任务,而且还规定了下一阶段要激活的任务。为了让分析描述形式化,我们运用了规则的概念。当然,大脑里根本不存在这种东西,所有思维过程都是通过神经元活动实现的。

各个阶段的元规则通过逻辑公式来确定其任务,而逻辑公式本身则是通过基层法则得出的。另外,无论任务完成与否,抑或压根还未开始,元规则都规定了下一步要做的事情。

因此,会话游戏明确了对话应如何实施。对话是一个至少包含两个主体的高度结构化的活动。真实情景对话的结构已经被人种方法学家广泛地研究过,他们主张在研究社交互动时必须采用非定量化和人种学的方法。他们主要研究自然会话的发生规律,为会话的历时研究提供了宝贵的数据。

对话蕴含了整体结构与局部结构。整体结构决定会话的开展。特别是,整体结构厘定了会话中各阶段按序列连接起来的路径。我把一个序列定义为一个信息交流块,交流块中的不同信息通过强语义和语用手段联结在一起。大多数互动都包含以下三个话语序列:开场序列、主体序列和结束序列。其中被研究最多的当属电话会话,因为电话会话的整体结构比较有规律可循。

哲学家戴维·刘易斯认为,对话就像合作的游戏,如果双方心里都能理解对话,那么他们就能双赢;如果双方或有一方理解有困难,那么对话就是失败的。这样的话,当前最恰当的处理策略就是由马丁·皮克林与西蒙·加罗德提出的对话机械论心理学,即互动结盟叙事理论。他们运用协作的概念来说明对话者在成功的对话中相互配合,就像参与者在成功的联合活动中相互配合一样。他们还分辨了协作与结盟,认为结盟出现在对话者间拥有相同表征的那个层面。

皮克林和加罗德认为,话语的产生和理解过程肯定是对等的,这就要求参与者和合作者的表征也应该是相同的。对话双方都会凸显相同的信息，因此就容易把这种相同的信息添加到他们的情景模式中。交际双方以隐性的共同知识为基础进行互动，而且他们还利用这种共同知识作为一种补救互动失败的方式。皮克林和加罗德的分析是客观的，因为他们认为透过上帝的眼睛可以解释对话过程中所发生的一切。实际上，他们已经做到了充分描写整个对话过程，这些描写就如同对话录音那样滴水不漏。而我关注的是每个实施者的心智状态，即使是对相同对话的描写，我和他们的也不一样。虽然有些差异，但我认为这两种方法是互补的。

认知语用学认为对话的整体结构源于对行为计划中的共知。因此，对话的整体结构并非源于语言规则，而是源于行为游戏。总而言之，行为游戏统辖着整个互动过程，而会话游戏则支配着对话中局部结构的协调发展。

第四节　交际行为的生成与理解

一、交际效果

研究交际真正需要参考的是行动者意欲在合作者身上产生的效果，并且他的这种意向是以显性方式表达的。在所有的交际情景中，行动者都希望自己的合作者能够对自己所传达的意向做出回应。所以，如果合作者想在交际过程中保持合作，他就必须要处理说话人所传递的全部意向。

我把对合作者的交际效果定义为随着行动者所表达的交际意向而形成或改变的所有心智状态。然而，这并不是说在听话人身上产生的效果就是说话人所期望的。还有一个条件是，这些心智状态确实是由相应的交际意向所引发的。例如，别人设法让我相信某事，正是这个事实构成了我相信某事的原因之一。如果这个具体条件没能得到满足，那就不能说所期望的效果已经实现。

同理，如果某人已经决定要做某事，然后另外一个人正好也让他做同样的事，那么我们不能说完成了他先前想做的事就等于是实现了说话人的交际意向。别人让我做某事，这个事实必须是我做某事的原因之一。如果司机违反了交通法规，警察命令他停车，这时他让警察举报他，那么我们不能说警察是在他的命令下而举报他的，因为警察本来就可以举报他。

（一）与交际效果相关的基本概念

在埃尔伦堤、巴拉和克伦贝蒂提出的交际效果模型中，有六个概念特别重要。其中四个涉及说话人心智状态的赋予过程，分别是得体性、动机、计划和真诚性。

前面三个概念涉及赋予意向，而第四个概念与赋予信念有关。除此之外，最后两个概念则是关于调整过程的，它们分别是能力和知识面。认为行动者有能力参加他自己提议的游戏，这是合作者决定是否参与游戏的主要前提条件。对行动者知识面的信任与对他表达的信念的信任一样重要，都能决定合作者是否加入游戏。

然而，在实现交际效果的过程中，就六个概念各自的逻辑作用来看，能力、动机和计划三个概念与得体性、真诚性和知识面三个概念之间有着明显的区别。如前所述，行动者在发出游戏提议时就考虑到自己的能力问题，但是能力不足也可以促使合作者参加到游戏里来。同理，说话人的动机和计划也是必要非充分条件。

相比之下，得体性、真诚性和知识面都是在合作者身上产生相应效果的充分条件。换言之，如果合作者说出下面三句话，他就会自相矛盾：行动者很得体，但无意做到言行一致；行动者很真诚，但言不由衷；行动者无所不知，但不明真相。因此，行动者不总能具备得体性、真诚性和知识面，至于他到底具备不具备要具体情况具体分析。由于心智状态是看不见的，所以合作者无法完全肯定自己的判断。因此，合作者就必须时刻推测这些行动者是否具备这些品质，他推断的依据有时是靠分析，有时根据默认，有时候还根据他对行动者、语境和话题的了解。例如，人们会认为，希拉里是一个真诚的人，但是在她谈到婚姻的时候，就变得不真诚了。

这些概念在计划阶段会多次用到，因此不难理解。交际能力强的人在呈现自己论点的时候，通常会千方百计地表明他是得体的（"不信可以出去打听一下，我可是一个信守承诺的人。"），有动机的（"能得到这份工作是我一生的梦想。"），有计划的（"我的计划是两个组织能够相互合作。"），真诚的（"我喜欢实话实说，尽管实话有时候很刺耳。"），有能力的（"我们可以今晚去，我已经借到车了。"），而且知识面很广（"我是从周五的《金融时报》上看到这则消息的。"）。

（二）游戏与步骤

我们已经知道主体共同参与的行为游戏其表征非常抽象，通常不能具体阐明每个步骤的具体行动。例如,像"共度良宵"这样的行为游戏,通常不会详细规定主体必须一起吃晚饭,一起看戏,一起散步,或一起参加其他活动等。此外,同人类所有的心智状态一样,就连那些与游戏表征相关的心智状态也是主观的,而非客观的。换言之,A 对游戏的表征是 G(A,B),但 A 的表征不等于 B 的表征,B 的表征是 G(B,A)。公式中 A 和 B 的位置正好相反,这说明并不存在一种对所有参与者来说是唯一的、客观的表征。相反,每位参与者都会以自己的主观视角来看待游戏 G。

然而,除非两个游戏的每一个步骤和每一个细节都一模一样,否则交际就会中断,这时误解也就会浮出水面,因为这是交际失败的罪魁祸首。尽管如此,人们永远都无法避免所有的语言歧义与社交歧义的出现:每个主体对共同参与行为都有着自己的解读,理解不同,执行起来也就不同,这或许有助于使互动变得顺利。一般而言,如果一个步骤是多个游戏的步骤,主体就可以随意澄清到底是哪个游戏的步骤,或者可以晚些时候再澄清。

二、反应

反应阶段是生成交际意向的阶段,也是做出回应的输入阶段。从会话的角度看,反应阶段还必须包含说话人的信息,即他通过交际意欲对合作者的心智状态产生何种效果。

当合作者没有被 A 要求实施某行为时,会话游戏的重要性就凸现出来了。在这种情况下,会话游戏就会要求主体生成交际意向,告知他的合作者,他之前话语的交际效果是什么。例如,"OK"表示"同意"。

再概括一点讲,反应阶段产生的交际意向是由两个因素导致的:首先是交际效果的整合,即调整过程的输出;其次是合作者 B 愿意和行动者 A 共同开展的行为游戏。在反应阶段产生的交际意向是综合了交际效果与行为游戏的结果。所谓交际效果,就是调整过程的输出。例如,假设在饭店里,顾客点菜要吃剑鱼,而服务员作了如下的回复:

"很抱歉,剑鱼卖完了。"

这个回答符合会话游戏的规则,因为顾客会推断出服务员不会给他上剑鱼这道菜。然而,服务员的回答还有更深的含义,因为没有服务员的答复,会话游戏原本也可以进展得非常顺利,即便是服务员简单回答了"No"会话游戏也会顺利进行。这其中的原因就在于,服务员和顾客执行的行为游戏迫使他要解释清楚为什么顾客的要求未能满足。这个例子说明,"反应"

受到基本层次规则的约束,基本规则规定尽量不要因一个微不足道的小事被人误解为拒绝执行整个游戏。

反应阶段的会话元层面规定,反应阶段必须建立在理解说话人意义时所作分析的基础之上。因此,合作者 B 就必须同意行动者 A 的所有意向,而不管这些意向是否能够成功实现。但这种同意不一定是真心的。

我们应该看到还有一些情况例外,它们并不遵循规则。如果发生这种情况,制度化的语境会取代平常的交际情景。例如,在心理治疗场景中,心理医生不一定对病人的所有话语都做出回应;在面试中,面试官会避免就应聘者所说的话表达出自己的反应。

反应阶段的基本任务就是通过交际意向生成回应,以此实现交际的效果。

反应前需要制定计划,并要考虑以下因素:

a.元规则规定的会话意向;

b.行动者所实施言语行为的交际效果;

c.合作者做出回应意欲实现的个人的目标。

合作者的总体目标是让行动者相信他们双方共享某些心智状态,而合作者是否具有这样的心智状态并不重要。现在我们讨论:合作者根据自己对说话人话语意向的态度,能够产生哪些交际意向。最简单的情况是行动者成功地让其合作者执行了某行为。在这种情况下,反应阶段的作用就是把调整阶段中形成的个人意向转化为这样的交际意向——马上执行。

在基本层次上生成的回应可以是语言上的也可以是非语言上的。如果行动者想诱导合作者实施某行为,那么合作者的回应应该提供信息并表明他对该行为的意向。从这个意义上讲,合作者既实施一个言语行为,也可以公开执行行动者要求的动作。

关于否定回应,合作者可以用表示拒绝的话语表达自己不愿意执行行动者要求的行为。他还可以采取非语言途径,例如实施一个与行动者所要求的行为相矛盾的行为。比如,行动者要求站着,合作者却偏偏坐着;行动者要求保持安静,合作者却偏偏大吵大闹。

如果行动者希望合作者相信某事,那么他期待的效果就是合作者心智状态上发生改变。但是,由于心智状态无法直接看到,合作者就需要声明行动者的交际效果是否已经实现。在会话过程中,如果行动者实施了断言行为,合作者就不能无动于衷,他必须表现出自己对行动者断言的回应,哪怕只是点下头或发一声牢骚。

没有规定要求合作者必须一五一十地透露自己真实的心智状态,他可以通过不真诚的方式或欺骗的方式实现自己的目标。这种情况就归因于事先的约定:会话游戏并没有规定合作者必须如实向行动者反映自己的心智状态,他只要让行动者相信他是确实是这么做的就行了。

会话游戏中一个有意思的话题是关于对话的真正本质。构成会话的必要条件是什么? 正如我们前面谈到的,礼貌形式就不需要有这种必要条件。在交谈的过程中有一种相似的结构用来转换话轮:吵架的时候,话轮转换系统可能被改变得面目全非,但这并不是说对话就不存在了。归纳典型会话得到的那些特征实际上是偶然特征,而非必然特征。

假设是:会话游戏唯一的特性是交际意向。违反交际意向这条规则是退出对话的唯一方式,其他任何偏离会话常见规则的做法都被认为只是违背了当前的个别行为游戏。再来看吵架的例子:吵架是对话中最不连续的方式之一,任何一个不正常的举动(比如保持沉默都可能被理解为攻击、辩解、怨恨、鄙视的一种手段。终止行为游戏的唯一方式就是要中断互动,如离开、挂断电话、不回信。)

综上所述,反应阶段的基本层次的输出是一系列合作者赋予行动者的意向:把这些意向转化成有形的回应就是生成阶段的任务。

第六章 认知语用——合作与自我中心

第一节 合作的社会——认知解析

一、合作与话语合作

(一)合作原则的提出及发展

现代语用学理论基本上可以分成格赖斯、新格赖斯和后格赖斯三个时期,因此合作原则的提出与发展也基本体现在这三个理论体系中。

"合作原则"是美国哲学家、语言学家格赖斯指出的,合作原则是为了实现成功的交际,人们在参与交谈时,根据你所参与交谈的目的或方向的变化而提供适切的话语。合作原则主要包括四条准则。

新格赖斯理论主要体现在霍恩的两原则、莱文森的三原则及利奇的礼貌原则上。霍恩认为格赖斯的会话准则主要来自两个方面:一是关于信息量,要求说话者充分表达自己的意思,让听话者比较容易接受和理解;二是关系准则,使你的话语是必要的。由此霍恩将格赖斯的四准则减少到两条,即量原则与关系原则。而莱文森认为三原则更全面,具体内容是:Ⅰ量原则(Q原则);Ⅱ信息原则(I原则);Ⅲ方式原则(M原则)。比较而言,莱文森三原则更有影响力,做到了阐释一般含义而不依赖具体的语境找出特殊含义,另外莱文森的新机制还可以参与语法,这亦是合作原则不具备的。因此三原则标志了"新格赖斯语用学机制"的正式形成。

在后格赖斯理论体系中,最有代表性的是由 Sperber&Wilson 提出的关联论(RT)。RT 与格赖斯的合作原则有着紧密的联系,它是对合作原则的修正和补充,对语用学领域的研究做出了重要贡献。合作原则的核心主张为:话语能够自动营造指引听者来理解言者意义的期望,这些期望由合作原则和一系列准则所实现,一个理性听者所选择的释义应该是最能满足这些期望的释义。RT 的核心主张则是:话语所引发的关联期望能够准确并且可预见地指引听者来理解言者的意义,交际是以关联为取向的,关联是认知的基础,是交际中最基本的一条原则。可见,RT 与合作原则有着本质的差别,可以说前者对后者形成了有益的补充和完善。主要体现在:(1)出发点不同,合作原则主要是从语用学的角度出发,具有较强的哲学意味;而关联理论是从哲学、认知、交际等多角度对言语交际进行研究,是"确认植根于人类心理并能解释如何交际的一种内在的机制";(2)就言语交际的研究对象而言,关联理论将语用学研究的重点从话语的生产转至话语的理解;(3)就解释范围而言,关联理论不仅适用于解释含义,而且适用于识别直义。格赖斯虽然也区分直义和含义,但是他的研究主要集中于含义尤其是特殊含义上,对于直义缺乏论述。

合作原则的起源和发展经历了一个规则简化的过程,从格赖斯的四条准则、Levinson 的三条原则、Horn 的两条原则,简化到 RT 的一条原则。从中我们可以看出,合作原则经历了从哲学思想启发,到纯语用学规则修改,再到认知完善的过程。这也说明语用与认知是语用学发展的必然趋势,当今认知语用学的飞速发展正是这一必然趋势的写照。而本书的理论基石 SCA 可以说是认知语用学的进一步提升。如果说认知语用的基点是"语用",即参照认知科学成果来源于语用研究,那么 SCA 则将交际的"认知因素"和"社会因素"作为同等重要的参数,应该说其包容性更高、跨学科性更强。

(二)关于"合作实质"的讨论

自从 trice 提出合作原则以来,关于合作原则的研究便成为学界的热点。trice 在 1975 年的讲演中有关合作原则的论述比较简单,虽然他在 1978 年和 1981 年发表的论文扩展了他的观点,但他从未填补其理论存在的许多空缺。正因为如此,许多研究对于"合作"概念有不同的理解,尤其是国内学者在解释和介绍"合作原则"时出现了不同的定义,如"共同守信的原财""约定俗成的语言交际原则""使话语连贯进行下去的默契"以及"交谈的双方都接受的目的或方向"等。显然,上面几个定义都是在基于 trice 原文的直译上形成的。我们认为其中比较有特色的是周礼全的解读,即"在一次谈话即其各个阶段中,谈话的参与者相应于谈话的目的和要求做出自己的积极贡献"。然而,周礼全的定义将话语交际"合作性"行为的中心放在了交际者通过努力而达到的良好结果上,而忽略了交际者为实现交际目的而努力的整个过程。因此金立在周先生的基础上将"合作"定义修改为"在一次谈话即其各个阶段中,谈话的参与者应根据于谈话的目的和要求做出自己的积极努力"。

对于什么是合作的实质,学界内仍然存在很大的分歧,并没有形成统一的理解。看来言语交际当中的"合作"和社会交际中的"合作"并不是同一个概念,更不同于博弈论中的"合作"。博弈理论当中的"合作"指的是为了双方的利益得到最大程度的保障,博弈双方通过谈判并按照有关协议在以后的交际中双方的行为都能为对方所接受。然而,我们也不完全同意梁燕华将"合作"仅仅理解为交际者的一种交际意愿或者态度。我们认为格赖斯提出的"purpose"一词固然包括交际者的合作态度,但同时也是对整个言语行为的一种描述,不然怎么会有"不合作"呢?对此,钱冠连在讨论了量、关系、方式和质这四种情况的不合作却未能使谈话失败的事实后,得出"合作不必是原则"的结论,并提出"目的—意图原则"来代替"合作原则"。另一方面,社会语言学家指出,语言使用是一切社会行为的构成部分,不管他们在竞争、相互支持、显示团结还是控制、利用别人。马克思也指出,社会关系的含义是指许多个人的合作。当然,马克思的"合作"是针对政治经济学提出的,但就"社会关系"而言言语合作也是一种社会关系。其内涵如下。

(1)言语合作不仅是由人的主观意识,而且也是由社会文化模式决定的。

(2)研究言语合作不能从单个个体出发,应从社会和个人两方面入手,用整体分析和个体分析相结合的方法来研究言语合作问题。

(3)言语合作不是一个可以抽象成没有历史的博弈模型,合作也不是某个特定历史阶段的产物,应将合作放入整个人类历史的进程中来研究,做到逻辑与历史的统一。

Grice的合作原则的本意更多是一种交际者的合作意向,但从另外一个角度来看,言语交际是一个社会现象,是一种言语行为;而合作原则是对这一社会现象的普遍规律的描述,是言语行为理论的有机组成部分。合作原则与言语行为理论的密切关系说明合作是行为的内在因素,具有行为的社会本质特性。其次,从"合作"的词汇意义也体现了行为的特质,姜望琪在《当代语用学》中明确指出,所谓"合作"指说话人和听话人为实现同一个目标而共同努力。结合周礼全先生的定义,我们认为既然"合作"是指"共同努力""积极贡献",那么将"合作"看成是整个话语交际过程和结果的体现也是在情理之中的。同时,认知派在批评合作原则时也表现出这种看法,如

"交际者在本质上是自我中心的,但实际生活中的言语交际体现合作"。此外,SCA 不但关注言语交际中的"合作现象",而且还意欲探讨实现合作目标的社会语用理论根据,以及合作的认知建构。结合语用学家和社会学家的观点,本书中的"合作"也不是作为某种原则,而是作为一种交际目的和交际行为的。它一方面区分言语交际中的"合作原则"与社会学中的"团结、协作"意义上的"合作",另一方面主张交际个体的意向性、交际过程、交际结果的合作观。

二、话语合作的特性

(一)社会性

"话语合作"的理论基础、研究对象和研究方法都体现出"社会性"的特质。下面从几个方面分别围绕话语合作的社会性展开探讨。

话语合作的理论基础是格赖斯的合作原则和奥斯汀、塞尔的言语行为理论。合作原则的哲学基础是日常语言哲学,而言语行为理论的哲学基础是行为哲学。但他们都是建立在对西方分析哲学的语言学批判基础上的。自从 20 世纪初期起,西方分析哲学的语言学派如摩尔、罗素、戴维森、卡尔纳普等就很关注语言与哲学之间的关系,试图精炼语言,排除其缺陷和非逻辑性,并创建一种理想化的语言。就牛津日常语言哲学派的观点来看,语言是一种社会现象。与持这种哲学观点的其他的哲学家不同的是,后者致力于个别语言现象的研究,而格赖斯则提出了系统的理论体系,即合作总原则及其准则。格赖斯提出合作原则的目标就是要建立一个用来描述日常社会言语交际的普遍规律的原则。言语行为理论产生于 20 世纪 30 年代,也是人们对逻辑实证主义和语言意义的实证研究所做出的一种回应。与格赖斯不同的是,奥斯汀和塞尔立足于"说话即做事",注意力集中在语言的使用上,把语言的使用视为一种行为,并且对话语实施的行为尤其是语言的力量进行了深入的研究。格赖斯、奥斯汀和塞尔等人都注意到了分析哲学语言学派逻辑性、理想化语言缺陷,将研究视角回归到日常语言上来,这意味着重新重视语言的"社会性"。

以前的语言哲学家普遍认为,在个人知识和理解之外有一种绝对的词汇意义。事实是,如果存在这种绝对的词汇意义"真值"的话,那么作为个体来说是永远无法全面地、完美地获得这种真值的。真值观使得语言处于一种"非人类"的状态。这种哲学观点使得语用学处于一种问题状态:一方面忽视了语言的社会性;另外一方面对于语言和文化的使用者预设有一种绝对形式的语言和文化的错误的观点。

而将语言当成行为的言语行为理论更反映了言语交际的"社会性"本质。真值条件语义学认为,语句只能正确或错误地描写事物。如果描写正确,那么该语句就是真的,反之就是假的。但后来人们发现,真值条件语义学所持的意义观存在一定缺陷,比如它不能很好地解释交际中出现的一些常用结构。奥斯汀注意观察日常生活中人们是怎样用语言进行有效的交际,以及怎样以言行事,而不力求去完善日常语言。他的研究表明,存在很多有意义的话语,它们既不真也不假,比如施为句就无真假之分却有意义,也就是说说话人可以以言行事。塞尔认为,任何语言交际模式都涉及言语行为,语言交际的基本单位不是通常人们认为的符号、词语或语句,甚至不是符号、词语或语句这样的表意标记,而是言语行为。在一定条件下,形成的句子就是以言行事行为。以言行事行为是语言交际的最小单位。塞尔的这一观点是继奥斯汀之后对自然语言中交际单位的重新认识,开辟了从行为角度去探索语言使用的新道路。作为诸多社会行为之一的言语行为其社会属性是不言而喻的,因此言语行为理论更突出了语言的"社会性"。

另外,从语用学和认知派的研究方法的差异上也赋予了话语合作的"社会性"特质。心理语言学普遍采取心理实验的方法,使用的是非严格意义上的自然语言,即受控制的字、词、句来测试人们的心理反应。这种方法注重的是个体的心理和认知机制,与以考察自然语境中的语言使用情况、探求语用规则的语用学研究方法是迥然不同的。可以说认知派注重个体性,而语用派注重社会性。

从语用学的定义来看,传统语用学关注的主要是言语交际的社会层面的因素,当然认知语用的发展融入了更多认知科学的发展成果。笼而统之,语用学就是研究语言使用的学问,这里我们且不探讨"语用学"的定义,但这门学问最为关注的两个基本概念——意义和语境,则无疑是具有社会属性的。因此,可以说语用学所关照的主要是言语交际的社会语用层面,而作为其中重要的理论之一的"合作"必然体现和反映了这种社会性。虽然传统的语用学理论中并没有提出"社会性",但是其理论的哲学思想都是基于将语言作为一种社会现象,研究对象采用的是社会交际中的自然语言,研究方法也是以思辨为主的有别于心理语言学的实验方式,因此传统语用学关注的是言语交际的"社会性"因素。这里提出"社会性",一方面是出于区分认知层面的分析,另一方面是出于对"合作"的社会语用视角的综合性研究。

(二)意图性

社会——认知观的提出者、语用学家 Kecskes 曾在一次讲座中明确提出"合作是以意图和关联为导向的,即意图性和关联性是话语合作的主要特征"。意图又称意向,是哲学、语言学、文学、心理学等学科研究中所涉及的重要概念之一。所谓意向性,指的是任何心灵活动都必须指向或涉及某个对象。Leech 说过,语用学首先是讲动机的,尽管他没有明确提出"交际意图"的概念,但他使用"motivatiori""conversational goal"及"reflexive intention等术语表明其已认识到言语交际系统中启动机制的存在和重要性。意图是整个交际的始发机制,心理语言学和语用学都认为"意图是说话的起始点"。当然,交际者是如何产出意图,交际对象又是如何认知对方的意图的,这是一个十分复杂的动态认知过程,不仅涉及语用学,更离不开认知学、心理学、信息加工论、控制论及社会学等领域的相关知识。

Grice 提出了交际中的意向(意图)问题,将人们从传统的偏重语义的做法中解放出来,回到常识性的交际意向上来,完善了人们对交际过程中意义的理解。关联理论进一步完善了意图问题,提出交际只不过是一个适当的言语行为,该行为在意图的听话者那里会激发一种确切的和可预见性的关联的期待。而言语行为理论则硬性规定了意图在话语理解中的作用。可见意图在话语合作过程中起到了不可替代的作用,意图性是话语合作本质的属性之一。

三、话语合作的认知解析

(一)脚本理论与话语合作

对于话语交际的心理认知,自从 Bartlett 采用记忆的图式结构来分析具有普遍性的社会文化知识之后,许多认知语言学家和计算机科学家都提出了各自的理论模型,如 Langaeker 的弹子球模型和舞台模型、Talmy 的力量动态模型、Lakoff 的动态意象图式、Schank&Abelson 的脚本理论和王寅的事件域认知模型等。但就习惯化、定型化的事件序列的解释而言,还是脚本理论更具有影响力,得到了学界的公认并成为认知语言学的一个研究热点。

脚本是一种事件序列的心理认知模式,我们认为这种模式与人工智能当中的自联想—预测模式有着同样的神经机制理据。Hawkins 和 Blakeslee

在他们的《On Intelligence》一书中接着指出：人的大脑皮层很大，因此有相当大的记忆容量，它能够不断地预测你将要看到、听到和感觉到的东西，而且多数都是在你不自觉的情况下发生的。你体验的世界各部分的顺序是由世界结构所决定的，你用以体验世界万物的序列反映的就是世界的恒定结构。我们的恒定的记忆也是有关事件序列的记忆。为了使大脑的整个体系能够正常运作，你不得不在学习序列期间传递一个恒定的模式。在学习序列之前，你可以传递细节，但在你了解了序列之后，当你能成功地预测哪些垂直柱会被激活时，你应该只传递恒定的模式。从中我们可以看出，"恒定模式"就是脚本理论中的"事件序列"在脑神经中的反映。在实际的生活中，我们都有类似的生活经历，如当你经过楼道的走廊到达你家门前的时候，如果没有外界的干扰，我们掏钥匙、找锁孔的行为动作都是一种自然的、预测式的过程，甚至我们都不需要看锁孔的位置就可以准确地将钥匙插入锁孔，从而将门打开。又如在餐馆就餐时，如果服务员一开始就给你上甜点，你会觉得十分诧异，因为就餐的事件序列预测的是甜点是最后上的。思维的预测功能无疑是事件序列规约化的呈现，一般来说，预测过程是无意识的，只有当"恒定的序列"受到破坏时才会被意识所察觉。

话语交际是人类思维的外在表征。如果说人类的思维本质特征是自我中心的，那么在我们可以观察到的实际的自然语言会话中的"合作"又作何解释呢？我们认为，除了语用学主张的大脑的语用推理能力之外，由于长期的日常生活经验所形成的诸多的"脚本"是促成话语合作的一个重要的原因。一般说来，人类经历过许多共同的"脚本"，当你进入某个特定的脚本时，你的思维会自动激活脚本中的事件序列，做出相应的预测，并用言语表达出来。另外一方面，某些特定的语言形式和该序列形成了一种稳固的关联，所以通常在我们熟悉的语言环境中，交际话语的输出几乎也是无意识状态的，这也是从言语行为上看，我们的日常会话是如此"合作"的原因之一。

（二）分布式认知与话语合作

言语交际中的合作性还可以从认知方式上得到解释。"认知派"趋向于将认知看作个体内部的过程，因而从个体思维运行的角度得出了交际中的"自我中心"论。从分布式认知的理论角度进一步探讨话语合作，主要包括两个方面：一是分布式认知本身的认知方式有助于实现话语合作；二是文化作为分布式认知体系保证了话语交际的"合作性"。

自 20 世纪五六十年代以来,研究者们对认知的理解经历了一个从单一的心理过程到各种心理过程交互作用的复杂系统的认识过程,即将认知看作个体内部的过程。其中虽然他们也承认环境、文化等的作用,但他们关注的焦点依然是社会环境和历史文化中的个体,用 Snow 的话来说就是"这种对认知理解的局限性在于把个人和环境作为彼此独立的因素来对待,而不是把情境与个体作为整合的系统来看待"。20 世纪 80 年代中期,Hutchins 等人明确提出了分布式认知概念,认为它是重新思考所有领域的认知现象的一种新的基本范式。分布式认知的理论和方法来源于认知科学、认知人类学以及社会科学,该认知理论将头脑中的思维过程与外界环境放在一起,认为内部过程和外部过程之间的联系涉及内部资源和外部资源之间的协调。由此可见,分布式认知将个体和环境看作一个整体的认知系统。所谓的个人和情境的整合系统指的是"认知是社会共享性的或分布性的"。而所谓的"分布"则意味着认知是"延展性的",是"关系间的",它分布于思维、个人、符号和物理环境之中,在由个体与同伴、教师或文化工具组成的系统中发挥着共同作用。在这个意义上,知识是一个共同的社会性建构过程,这个过程通过指向共享目标的合作努力而实现,或通过因个人观点不同而导致的对话和论战而实现。分布式认知不是把个体作为主要的分析单元,而是把个体在社会、文化、技术活动背景中的系统作为一个大的分析单元,它突破了将认知看作是个体内部过程的传统认知观,强调发生于活动过程中的认知是个体与情境的整合系统。同时,分布式认知也强调认知在个体头脑中是分布性的,这种特性主要体现在大脑功能区的形成和区分上。个体认知与社会的和文化的分布式认知之间是一种交互式、螺旋式发展的互动关系。无疑,大脑是一个复杂的动态系统,具有社会性。因此外部的环境不仅是一种信息的来源或者输出地,也应该是思维的一部分,例如一个学历史的学生将历史事件整理出来,写在小卡片上,做好索引,在适当的时候来帮助自己回忆。在分布式认知看来,这些卡片正是作为思维延伸的工具,帮助学生将认知的负担转移到了环境,使得环境也成为认知的一个重要部分。

分布式认知的个体认知和环境资源的整合观揭示了人类认知过程的效率性和全面性。大小计算机协同作业的过程中有两种操作方式能很好地说明这个特性。第一是将整体的任务细分并指派给不同的计算器,这种方式的问题在于一方面很难做到对于任务的确切的、有效的切分,另一方面是其操作过程当中的偶然因素很难控制,比如说某台计算机没有按时完成作业,或者有的计算机甚至在运行过程中崩溃,这样局部的甚至一台计算器的意外故障将直接影响整个作业的进程。另外一种方式是"并行分布式计算",也就是将整个任务的蓝图和实际的内容都指派给每一台作业的计算器,同时给出分工的意向性说明,让计算器自行调节实际的分工和协同作业。这种方式的负面影响在于"高成本",因为每台计算器由于需要整个作业的信息而占有大量的内存,在运行过程当中需要协调而影响单位计算器的计算速度和能力,但是其优势在于这种体系具有很好的伸缩性和反馈性。

对于言语交际而言,存在于交际个体之间的就是一种"并行分布式计算":一方面,同一个语言集体共同的社会文化背景形成了"整个任务蓝图和实际内容";另外一方面,自我经验和个体知识又形成了"分工的意向性说明"。在实际的话语交际中,共同背景形成了交际的基础,而自我经验产生了交际的动力。很难想象没有共同语言知识的人群之间是怎样交流的,如我们经常可以看到来中国旅游的外国游客和小摊贩主之间用手势比划的场景,可以说他们是在用一种更广泛的共有知识,即身体语言,来弥补语言共同知识的不足,从而达到沟通的目的。同样,没有个体知识,即对于受话来说的新信息,一个对话也很难形成,如在南海守礁的战士很快发现同一个班的战士之间已经没有任何话题可以谈了,因为由于没有外界的信息,能说的都说过了。

另外,根据分布式认知,在具体的会话中交际者还会注意到外部环境,如时间、地点、交际对象等客观因素,这样从整体上有助于话语合作的实现。如上面所提到的,分布式认知较传统的认知的优点在于分布式认知将社会和环境因素纳入到认知体系当中来。如同卡片可以作为思维延伸的工具,这使得环境成为认知的一个重要部分,交际者经常把自己的思维延伸到他人或者交际对象的知识经验中去,将他人的知识经验作为自己认知的一种延伸,从而使得话语交际能够"合作"进行下去。

分布式认知与话语合作关系的另外一个重要的方面是文化本身作为分布式认知体系保证了话语交际的"合作性"。作为一个言语集团或者社会联盟,无疑是以共有知识作为基础的,共有知识越多则交际越经济,因为听话者能从话语的编码中获取更多的推理信息。信念和知识是分布在社会集团成员中的,并能促使该集团形成统一性,但其共享程度却是不同的。用 Sharifian 的话来说就是,文化图式的组成成分并不是同一个文化网络的成员完全共享的,而是在成员个体的思维中以分布式的方式存在的,也就是说集团成员不是通过拥有同一个文化图式而成为同一个社会集团的,而是在具有一般意义上的、核心的文化图式的同时发展了不同的图式来或多或少地表征整个文化图式。相似地,Morgan 也提出了"多种文化模式",并认为总的文化图式是建立在个体基础上的。Krenonfeld 提出的文化模式其本身就是分布式认知模式,该模式旨在研究怎样体现行为以及怎样诠释其他人的行为,定义集体成员关系和社会实体。Kronenfeld 认为社会就是一个由单一计算器组成的网络体系,个体的分工是和集体的运作紧密结合在一起的。在此当中,文化便扮演着网络系统中"总开销"的角色,代表的是多元化的共有信息,其作用在于能够促成行之有效的合作。在这种语境下的"文化模式"代表的是一种或各种相关的信息是怎样相互分享、转化、整合并解决问题的过程。这种文化模式的整体同一性无疑是话语合作的社会文化基础,而个体性又揭示了互动交际中"自我"的一面,是言语行为自我中心表现的社会文化渊源。

文化,从本质上来说是社会性的,是与特定的言语集体密切联系在一起的。从这个意义上来讲,文化并不是由你所知道的或者我所知道的组成的,而是作为一个集体而言的。个人的知识经验中必然包括你所在的言语集团的文化因素,当然不可能是全部,同时个体独有的一些知识经验又会或多或少地影响整个文化,如哲学家、作家等的思想有时候会对现有的文化造成很大的冲击。因此,个体和文化处于一种动态的关联中,并且文化作为分布式认知体系本身从社会认知角度给话语合作提供了另外一种很好的解释。

第二节 自我中心现象与本质

一、语言与交际的自我中心现象

(一)语言的自我中心性

所谓语言的自我中心性是指人类自然语言的本质——"人类中心性",反映这一特征的核心范畴是"语言个性"。从这个角度看,语言自我中心性与当今学界采用较多的"语言主观性"其实是同一概念。所谓"语言个性"是指人类的言语组织和认知能力,包括掌握语言结构复杂性的程度、反映现实的深度和精度、表达一定意向的潜力等方面。而主观性指语言的这样一种特性:在话语中多多少少总是含有说话人"自我"的表现成分,即说话人在说出一段话的同时表明自己对这段话的立场、态度和感情,从而在话语中留下自我痕迹。与语言主观性密切相关的概念是"主观化",指语言为表现这种主观性而采用的结构形式或经历的相应的演变过程。在语言结构层面上,语言中一些词类和语言结构都暗含着"自我"这一标志语言主观性特征的语义成分。

在语言的"人类中心性"研究方法中,"语言个性"是核心概念之一。人及其行为因素在语言中的反映表现为"语言个性",包括交际中言语主体所选择的语言形式、言语主体的社会属性、性格特性及心理状态等。研究"语言个性",就是研究人的个性化言语特点。由此可见,语言个性研究针对的是言语主体特征。话语的"自我"内涵表明语言具有非命题性特征的一面,这种特征在话语中无处不在。说话人不但可以通过句子结构、词语、语调以及身体语言来体现自我,还可以通过时、体等语法概念来体现自我。Benveniste 甚至强调"语言带有的自我中心性印记是如此深刻,以至于人们可以发问:假如语言不这样构造的话,它究竟还能不能名副其实地叫做语言。"另一方面,虽然自我中心性存在于语言使用中,但实际上语言通常只有一部分成分是专门用来明确表达主观性的。

语言的自我中心性无疑是认知语言学所关注的热点,国内外学界对于语言的主观性和主观化都有广泛的探讨。对主观性和主观化的研究范畴,Finegan 认为主要集中在以下三个方面:(1)说话人的视角,即说话人对客观情状的观察角度;(2)说话人的情感,包括感情、情绪、意向、态度等;(3)说话人的认识情态,主要跟情态动词和情态副词有关。

在日常会话中使用空间指示语,不仅充分体现了说话人的视角和情感主观性等特征,而且其语义描述也反映了语言的主观性。Ballard 等指出,"交际者将指示中心周围的环境投射到一系列的空间指示词语中,通过这些词汇来反映与说话者身体及视线关联的目标的位置"。可见,人类的认知能力将语言与外部世界连接起来。空间指示语的语义义素反映说话人对于自己概念领域认知上的划分和对于外部世界的相互作用,体现了概念化的过程。空间认识深植于说话人对于外部世界概念性的相互作用的自主解释,而不是以一种静态的被动的方式进行的。另一方面,在自然话语里,概念化机制使得说话人通过空间指示语的使用将内在的概念化知识运用于外部世界。为了与受话人分享情感或态度,说话人调整自己的立足点以及投射指示中心,使得交流能有效进行。

(二)自我中心性语言表征

空间指示语通过交际者在具体的物理和心理环境中的相对关联来体现语言的自我中心性,还有一些语言形式具有形态、结构、内容上的自我中心特征。

第一,词汇中所有在语义上具有自我中心性质以及在针对发话人态度上具有常规自我中心功能的都属于自我中心表征。

1. 表示"意见""看法"等意义的词。

这类词除了表示心智过程的语义特征外,还含有个性评价态度,即将显性的主观意识引入语句,反映言语主体的概念世界。如:

(1)I think. . .

(2)I regard it as. . .

(3)我本以为……

(4)我们不认为……

2. 表示"认识"意义的词。

这类词反映言语主体对现实、事实、真理、报道内容的毫不怀疑的信念。如:

(1)We strongly hold the idea.

(2)I believe that the current economy will go up.

(3)我们共产党人坚信革命一定会取得成功。

(4)我很认同这篇报道所持有的观点。

3. 表示情感态度的动词。

(1)I love this city.

(2)我们都喜欢这部电影。

4. 情态词以及表示"可能"或"不可能"意义的词。

(1)You may success!

(2)Perhaps, it will rain tomorrow。

(3)没有付出,就不可能成功。

(4)有了决心,才会实现目标。

5.表示言语行为主体较高肯定程度的副词,及表示"应该"意义的情态动词。

(1)Actually,this plan has been rejected.

(2)You should go and see your mother this year.

(3)我是真真正正地爱着你的。

(4)你本应该上个礼拜就来的。

6.表示关系意义的形容词。

(1)It is clear that you failed in this test.

(2)我的意思是再明显不过的啦。

第二,英汉语中很多固定表达也充分展示了语言的自我中心性。虽然这些表达已经"固化"或"语用化",其意义已不是简单的字面意思的组合,但他们都是直接来自于人们身体体验并将其投射到抽象实体上的结果,也就是说这些表达是主观经验的语言形式化或者主观化的结果。

1.谚语和格言。

(1)己所不欲,勿施于人。

(2)人有恒心万事成,人无决心万事崩。

(3)不以物喜,不以己悲。

(4)好好学习,天天向上。

(5)Never too old to learn.

(6)Justice has long arms.

(7)Fields have eyes,and woods have ear.

(8)Fire and water have no mercy.

(9)Love is blind.

(10)Hard words break no bone.

2.成语。

(1)洁身自好。

(2)仁者见仁,智者见智。

(3)掩耳盗铃。

(4)Beauty is in the eye of the gazer.

(5)Do as you would be done by.

二、自我中心表象的动因

(一)自我视角

"视角"概念原本是属于文艺学理论研究范畴的,传统研究也主要将"视角"局限于叙事学和社会心理学中。在他们看来,视角只不过是一个相对静止、侧重个体研究的概念。

"视角"一词源于拉丁语 perspective,原意是"透视"。现在"视角"这一词语本身已经隐喻化了,它是指人们看待或描述某一事物的方式。毋庸置疑,我们在观察和思考时都是从一定的角度出发的,同样我们在交际时也是从一定的视角为出发点的,在此过程中我们会选择某一特定的视角来表达我们想要表述的内容。另外,沈家煊也认为,"视角就是说话人对客观情状的观察角度,或是对客观情状加以叙说的出发点,这种视角主观性经常以隐晦的方式在语句中体现出来"。人类对于客观世界的感知反映了感知者特殊的视角,因而可以说感知报道是自我中心的,因为一个情景是从感知者的角度来感知的,这种范畴表明了一种特殊的视角。

言语交际"自我中心本质"的提出者 Keysar 也十分看重"自我视角"在交际过程中的作用。Sperber 和 Wilson 以及 Fodor 等认为,人的大脑存在一个能够解读交际对方大脑思维的机制或者模型。keysar 对此观点提出挑战,认为人们在日常的正常的言语交际中并没有像一般语用学所设想的那样考虑对方的思维状态。一般情况下说话者不会基于对方的信仰和知识来设计话语的输出,而听话者也不会考虑说话者的知识和信仰状态来进行话语理解。当然这不是绝对的,人们在某些时候确实会考虑会话对象的思维状态,但这不是一个系统的运作方式。也许正是基于这种看法,Keysar 提出了人们在交际过程中人们能够实现交际并不一定是他们遵循了合作原则。问题是,为什么人们在话语交际中并不一定遵循所谓的"共有知识"? 为什么人们不会系统地考虑对方的思维状态呢? Epley 等认为其原因是我们自己的视角、知识和信仰总是优先于他人的视角、知识和信仰,我们自己的视角并不会支持合作原则的设想,因为从他人的视角来考虑必然会花费更多的精力和更多的时间。可见,认知派关于视角的阐述可以很好地解析误解产生的原因,即误解并不是因为交际中干扰因素所造成的结果,也不是言语交流系统中的不和谐音符,而是一种基于自我视角的系统思维方式所导致的必然结果。

1. 心理空间的自我视角

心理空间同样具有视角差异性。心理视角的转换往往具有表达主观情感、立场和态度的语用功能，如用"我就来医院"而不用"我就去医院"就体现了说话者同情和关切的心情。相反，如听者没能觉察到说者的视角转换则无法真正领会其情感意图，很可能造成共建失效与误解。

2. 态度词的自我中心视角

在日常言语交际中，说话者经常对某个事物或者话题偏向表达强烈的个人态度，而不是基于听话者理解或可接受基础上的，甚至在某些时候说话者试图去掩饰这种态度，但由于强烈的反对情绪，以至于类似的话语仍然会不由自主地表露出来。态度词语，尤其是负面态度表达无疑是基于自我视角的，是交际者想将自己的态度表达出来的强烈愿望所导致的结果。

（二）自我信念

"信念"历来是哲学、心理学、认知语言学及语用学所关注的重要概念，同时又最具有争议。哲学家休漠曾经发出过这样的感叹，"信念似乎从来是哲学中最大的神秘之一"。

Chafe 区分了五种知识模型，即信念（belief）、归纳（induction or inference）、听说（hearsay）、感官证据（sensory or perceptual evidence）和演绎（deduction）。每一种模型都有其相应的知识资源。Chafe 认为信念并没有一个清晰的知识资源，信念是一种"知道"模型，即人们相信事物是因为他们相信其他人也相信该事物，简单地说就是"他们想要相信该事物"。一些研究证明，信念是人们建立在"共有知识"上的，具体来说就是"知识为一群有着共同社会文化背景的人所接受"。比如一个人说"I think it is too late to call her at home now."或者"I wouldn't call her now, it's too late."，在西方社会看来该话语是有效的，因为西方社会普遍接受的文化模式（信念）是"太晚了打电话给别人是被认为不礼貌的"。另外，一般共有知识的信念又可以分成集体信念和个体信念。集体信念又称为"共同信念"，即我们相信该命题：我相信，同一个语言集团的其他成员也同样相信。简言之，"共同信念"指的是为同一个社会文化社团所接受的信念，具有同一性"自我信念"指的是个体所独有的知识模型，具有争议性和矛盾性。自我信念是集体（共有）信念的衍生词，是认知派在关注自我中心现象时着重提出来的。

另外，交际中的错误信念也是屡见不鲜的，这也是形成自我中心现象的一个主要原因。错误信念指的是与现实不符的一种心理状态,例如,小明在自己的房间里玩,可是妈妈为什么会到外面找他呢? 这是因为妈妈以为他在外面,错误信念导致了错误的行为。再来看一个经典的错误信念任务范式:Sally 把巧克力放入盒子中后就去外面玩了,这时 Ann 进来并把巧克力放到了篮子里。问题是当 Sally 回来时会到哪里寻找巧克力呢? 4 岁以下的儿童通常不能正确地回答这个问题,认为 Sally 会到篮子里去寻找;而 4 岁以上的儿童则认为 Sally 会到原来放巧克力的位置——盒子中去寻找。对此,Birch&Bloom 解释为"知识偏差"现象。所谓"知识偏差"就是当个体自己知道某个事实或知识时,就倾向于认为别人也知道,而实际上对方是一无所知的,并且他们认为成人在对待信念问题时也会出现类似的现象,尤其是当成人所面临的虚假信念任务比较复杂的时候,会表现出自我中心趋向。诚然,儿童随着年龄越来越大,自我中心的趋势将会消减,但是成年人就完全没有因自我信念而导致自我中心现象吗? Birch&Bloom 的实验证明 5 岁大的孩童已经能够预料 Sally 将会到她自己相信的地方去找糖果,而不是他们所知道的正确的地方。但当问到 Sally 在其他别的地方寻找糖果的可能性时,就连成人也趋向于认为 Sally 将会到他们所知道的确切的地方去找,这是因为他们知道藏糖果的确切地方。这说明人们在思考其他人的信念和诠释他们自己所说的话的时候是趋向于自我中心的。

(三)自我知识

如果说自我视角、自我信念还具有主观选择性的话,即交际主体有意识运用自己的视角和信念来体现主体的观点和情感,那么自我知识(knowledge)则是构成自我中心式思维体系的基础。

"(世界)知识"这个概念本身就很模糊,语言学、心理学和其他的科学等都没有统一的、明确的界定。Van Dijk 将知识划分为"具体的""个人的""一般的""抽象的""虚构的"和"社会文化的"五类。对于知识和信念之间的关系,一般来说知识是一个上位概念,其中包括了信念部分。具体而言,哲学界对此尚存在不同的看法。古希腊大哲学家柏拉图对知识有过比较多的论述,他在《国家篇》中区分了知识和信念,认为知识是对永恒不变的事物本身的认识,而信念世界是永恒不变的;笛卡尔把清楚明白的判断作为知识可靠性的依据,实际上是把信念当作知识的必要条件;而斯宾诺莎把信念当作知识的一种。我们认为康德的划分比较清晰明了,"意见是一种主客观根据都不足的判断;信念是主观上有充足根据而客观上不足的判断;知识则是主客观都有充分根据的判断"。这里,如同信念可以划分为共有(集体)信念和个体信念一样,"自我知识"指的是相对于"共同知识"而言的个体独有的知识部分。当然,"自我知识"也是一个相对范畴,是相对于交际对象来说的。在跨文化交际中,本民族的文化背景知识就成为一种"自我知识",在与同一个文化背景的人交流时,地域性的知识背景又成为一种"自我知识",甚至在与自己的朋友、家人交流时也有相对的"自我知识"。因此,本书的"自我知识"是一个动态范畴。

与"自我知识"相对应的是"共有知识"或者"共同背景"。后者是语用学十分重视并认为是话语合作不可或缺的因素。在传统语用学看来,许多误解或者交际失败被归因于交际双方缺乏"共有知识"。诚然,很难想象没有共有知识的交际双方是如何交流的,但我们认为,如同"自我知识"一样,"共有知识"本身也是动态的,严格地说,其范畴是很难界定的。一般来说,我们很容易搞清楚对方不知道我什么,而很难准确估计我们共同知道什么,其根本原因在于"共有知识"是主观性的一种估计。由于记忆差异等原因,你仍然清楚地记得的"共同知识"也许在他或她那里已经彻底忘记了。有些学者甚至将"共有知识"看成记忆,认为"共有知识是一种交际双方所产生和遭遇到的信息,这种信息被编码存入短时或长时记忆中并作为即时的或者后来使用的资源"。

另外,语用派将共有知识作为交际者预存的思维状态,而认知派提出共同背景也具有偶然性和即时性。Barr 和 Keysar 认为,在语言生产和语言理解过程中交际者都会违背共同知识,这种行为被称之为自我中心行为。其他的研究也表明,交际的自我中心表现其实达到了一种令人吃惊的程度,尤其是在交际起始阶段。他们甚至认为"共有知识"更多是起到一种监控和纠错作用,而不是一种日常语言处理的内在机制。

(四)思维与认知的自我中心性

语言和交际中的自我中心现象是思维和认知的表象,那么产生这种表象的思维运行和认知机制本身是否具有自我中心特性呢? 也就是说,自我中心表象是否可以在思维和认知的源头上找到答案呢? "自我中心"的本质就是"省力",体现为思维运行上的"经济性"和认知体验上的"自我性",它们必然有着密切的联系。

既然思维经济性已经得到学界的普遍认同,那么思维的自我中心性和思维经济性在本质上应该是一回事,因为都是为了省力。人的思维具有自动性,那些记忆中最为熟悉的、习惯的、程序化的意象图式往往成为了思维自动运行中的首选,因为这种连接是最快的、最省力的、最经济的。其次,从"凸显"和其他相关思维机制的关系中也可以看出,所谓"连通主义""自联想—预测""缺省思维"等的共同特点是以交际主体已知的、个体的、主观的知识图式为基础的思维活动。说通俗一点,所谓思维自我中心性就是在思维的运行过程中总是趋向于那些容易捕捉的或者凸显的信息。另外,有关自我视角、自我信念和自我知识的探讨,也都体现了思维的自我中心性。

其次,认知的自我中心性在认知语言学的哲学基础"认知体验性"当中已经有了较充分展示。"体验"是大脑状态和神经活动的体现,认知语言学是建立在思维和语言的体验本质上的。Lakoff 和 Johnson 明确提出了"体验哲学"这一理论,并将其核心内容总结为三条基本原则:1)心智的体验性;2)认知的无意识性;3)思维的隐喻性。L&J 指出:"概念是通过身体、大脑及其实际的体验而形成的,并且只有通过它们才能被理解;图表是通过感知和肌肉运动能力而得到的。"从中我们可以看出,"心智的体验性"指的是我们大部分推理的最基本形式,它依赖于我们所处的空间(地点、方向、运动等)和自己的身体(包括器官、身体与环境的相对位置、关系等)。我们的祖先就是从认识自我开始认识世界的,因此基于自我中心的方位空间和身体部位是我们形成抽象概念的两个主要基础。祖先的思维具有"体认"特征,也可以说是"自我中心"特性。人们在经验和行为中形成了范畴和概念,与此同时也就形成了意义,因而范畴、概念、推理和心智并不是外部现实客观的、镜像的反映,也不是先天就有的,而是人们在对客观外界感知和体验基础上通过认知加工而形成的。可见,认知语言学的基本观点"人类心智是身体经验的产物"蕴含着认知的自我中心性。

同样,"认知的无意识性"和"思维的隐喻性"也体现了思维的"自我中心"特性。认知的无意识性是指我们对于心智中的所思所想没有直接的知觉,我们即使理解一个简单的话语也需要涉及许多认知运作程序、神经加工过程,这中间的分析是如此复杂,运作如此之快,即使我们集中注意力也不能觉察到,而且我们也不需要花什么努力就能进行这种自动化的运作。L&J认为"人类有意识的思维仅是冰山一角,十分保守地说,无意识思维至少占

95%。"那么,这些比例巨大的无意识思维是如何运作的呢? 认知语言学认为,这种无意识认知就像一只"看不见的手"在指挥我们对经验进行概念化,而这种无意识推理的手段就是"隐喻"。体验哲学认为隐喻具有三种基本性质:(1)体验性;(2)隐喻式自动的、无意识的思维模式;(3)隐喻推理使得大部分抽象思维成为可能。不但如此,我们同时认为无意识思维和隐喻思维与凸显机制一样也应该遵循我们上面所提出的思维经济性原则,因为人类的行为普遍遵循"省力原则"。隐喻的本质是一种用具体的或已知的概念去组织抽象的或陌生的概念的认知机制,因此隐喻式的词汇和陈述就是用已知的、熟悉的概念去表达陌生的、抽象的概念。

如果对交际对象的视角、信念、知识的估计必须是一种有意识的、花费精力的思维过程,那么自我视角、自我信念和自我知识思维活动则大都是一种无意识的行为,如思想飘忽、口误、情绪性表达和模仿等。就隐喻而言,尤其是说话人在使用新奇隐喻时,他们在选择源域的过程中就是一个典型的自我中心思维过程,往往体现了说话者独特的、新奇的感受,为的是达到一种出奇的、新颖的、甚至幽默的效果,如当今大学生流行语中的"方便面""恐龙""猪头""孔雀""革命"等。这些隐喻对于其他社会群体的人来说一般很难理解,也说明共有知识是相对的、动态的。另外,不难想象这些隐喻的发起者在发明这些隐喻时完全是从自我视角和自我知识出发的,为的是创造一种新的认知角度。"自我中心"不但体现为一种交际或语言现象,同时也是思维和认知的本质特征。

第三节　交际中的互动协同

一、合作与自我中心的对立统一

(一)合作与自我中心的异同

欲将合作和自我中心这两种不同的言语交际观纳入同一个理论框架和研究视角进行统一分析,必须先要弄清楚两者的异同。

1.两者的不同之处

(1)理论视角不同

Grice 提出的合作原则和各项准则是从语言哲学的角度来构建一般的会话原则及交际者语言表达形式和内容的具体规定。语言哲学是从哲学角度分析与语言有关的问题的学科。作为日常语言哲学家,Grice注意到自然语言是完善的,不需要逻辑语言来替代它。他认为自然语言比逻辑语言表现出来的更多的意义来自于语言运用而不是语言系统,也就是说这些多出来的意义是会话含义。从这个意义上讲,合作原则和会话含义理论是为了解释逻辑语言与自然语言的表面差异而提出来的。30多年来,合作原则得到了补充和完善,成为语用学的一个重要领域。另一方面,自我中心交际观是认知派(抑或心理语言学)提出的,广义上讲,包括认知语言学的"语言自我中心理论"。心理语言学是研究语言使用者的心理过程的学科,Keysar等人代表了心理语言学派,继承了皮亚杰和维果斯基的儿童自我中心观点并开拓性地提出了成人与儿童一样在言语交际思维过程中也存在着自我中心表象的观点。

(2)两者的研究对象不同

语用学是研究语言在实际运用中的学问,作为语用学代表性理论之一的合作原则,其研究对象是日常用语,即在具体语境中使用的自然话语。基于此,合作原则的贡献在于提供了一套理解自然话语的理论。格赖斯的主要贡献并不是宣称话语应该遵守合作原则和诸准则或特殊话语一定要遵守这些准则,而是注意到了"会话交际受一定准则的制约",这有助于我们解释话语表面不符合逻辑的现象,以及解释话语所传递的言外之意。而心理语言学或以认知科学为主的认知语言学,其研究对象和研究方法更具自然科学特征,其核心研究范畴包括语言产生、语言理解、语言习得、心理词汇、语言与思维的关系等。因此与合作原则不同,Keysar等人更关注个体思维在语言交际中所处的状态和所扮演角色的作用。

(3)两者的研究方法不同

由于研究理论视角和研究对象的不同,必然会导致研究方法上的差异。传统语用学基本上都是采用内省法和归纳法。著名的语用学家如Grice、Austin、Searle等,他们都首先是哲学家,并且那些对语言学产生重大影响的论文首先都是发表在哲学研究刊物上的。作为哲学研究领域分支的语言哲学不但为语言学的研究提供理论指导,而且也提供了方法论启示,这无疑直接或间接地影响了语言学家的研究。因此,诸如合作原则等传统语用学的研究方法基本上都采用了语言哲学研究的内省、演绎等思辨方式,同时融合了一般语言学的描述归纳的方法。而心理语言学的研究方法则多以定量型实验方法为主,这种方法往往将新的语言学理论所提出的规则和表达置于处理模型中。可以说,心理语言学从认知科学的发展中获益,同时对现有语言学理论起到一种检验作用。无疑,语言学和认知科学的结合使语言研究产生了新的活力,这也是认知语言学在当今成为一门显学的原因之一。具体就"自我中心"而言,该理论也是基于 Keysar 等人通过大量语言实验而得出的结论。Keysar 等人的论证是解构式的。为了证明合作原则和共有知识等并不像语用学所描述的那样对言语交际起决定性的作用,他们根据具体不同的推论相应地设计了不同的实验。可见,合作原则是建立在对日常话语观察上并通过内省和归纳提出了描写言语交际的一般性规则,而自我中心论是基于具体实验在对合作原则做出质疑的基础上提出来的。总之,语用采取的是一种"自上而下"的方法,而认知采取的是一种"自下而上"的方法。

(4)两者主要理论观点的对立

总的来说,自我中心理论是基于对合作原则的批评基础上发展而来的。具体而言,两种观点争论的核心焦点是"意图"和"共有知识":语用派认为"意图"和"共有知识"是交际者大脑中的一种"预设",即"意图"和"共有知识"是两种静态的交际要素,交际双方在识别对方的交际意图和正确估算出共有知识的基础上才能顺利实现话语交际的目的;而认知派认为"意图"和"共有知识"是即时的、动态的,甚至是一种"后设"的交际因素,即交际的结果。

2. 两者的相同之处

(1)两者都是思维机制的表象

Grice 的合作原则讲究交际的意向性,即交际主体具有使得当前话语进行下去的意愿。如果说 Grice 意义上的"合作"是一种有意识的思维活动,即交际者有明确的交际意图,那么"话语合作"则包括了有意识和无意识思维阶段。"自我中心"作为思维运作的一种本质特性,其在语言和互动交际中也是以有意识和无意识思维的表征方式(大部分是无意识状态的)体现的。可见,话语合作和自我中心在思维本质上具有统一性,即都是思维机制的外在体现,对此下文将采用凸显机制进行具体解读。

(2)两者都是言语交际的有机组成部分

在传统语言学尤其是语用学看来,言语交际中的自我中心现象如"口误""飘忽""锚定效应""情绪表达"等都是交际中的错误现象,基于社会—认知观认为这些现象只不过是言语交际中的自然现象,是人类思维状态的真实反映,理应成为言语交际的有机组成部分。语用学注重普遍现象,提炼和归纳普遍规律,而心理语言学注重个体语言现象。我们认为这两种方法所证明的合理部分都是言语交际规律的客观反映,都应该在研究中受到同等重视。

(3)两者是个体认知和社会互动的统一体

一方面,交际者的合作意愿是互动交际社会性的要求和体现,另一方面自我中心性体现了交际主体的个体认知思维状况。这两种观点分别代表了言语研究的认知层面和语用层面,但它们并不是相互独立的,认知和语用都是语言科学研究中占重要地位的研究领域。同时,认知和语用关涉语言现象的两个方面,是相互关联和依存的。Nuyts 提出"认知关照的是语言,是人类思维活动的维度;而语用关照的是在人类活动的各种语境中语言起到一种具体的作用。"因此"认知语用视角相对于语言现象的解释更充分",这也就是说对于任何具体的语言现象要同时从认知和语用两个维度进行整体分析研究。由此可见,虽然合作与自我中心分属于不同研究视角并具有极大的差异,但它们在本质上具有同一性,是一个辩证统一体。

(二)凸显机制的统一解释

根据凸显机制,人的记忆中储存的经验可以划分为自我经验和共同经验,前者指的是由于个体独特的生活经历和认知过程所造成的个体独有的经验;后者指的是集体所共同占有的知识经历。集体是一个泛称,大到可以指整个语言集团或文化社会,小到可以指一个家庭或几个朋友之间。凸显发生是由经验为基础的,因此自我经验触发自我凸显,集体经验触发共同凸显。如"家乡对不同个体所触发的家乡图景是不一样的",但对于大多数中国人来说"天安门"所触发的图景几乎都一样。

然而,自我凸显和共同凸显也是辩证互动的。其理据有二:一方面,绝大多数自我凸显是基于共同凸显的,因为个体的大部分知识是从社会交际互动中习得的,同时也相应地塑造着共同的社会文化思维模式;另一方面,自我凸显的内容将会随着交际的深入和共同凸显内容的变化而变化。可以说,许多由于误解或者理解不到位而存在的自我凸显意义将会随着自身知识的增长而调整。此外,共同凸显本身并不是指某个语言集体的成员都知道的事物,而是对于多数人而言的。就社会维度而言,凸显是一个相对的、动态的体系,包括两层含义:第一是指"集体"的范畴,第二是指共有知识的动态性。就范畴而言,"集体"至少是相对两人而言的,如好朋友、夫妻、父子、母女等;也可以指一个组织,如"同班同学""篮球协会""汉语史 QQ 群"等,大而言之甚至指整个语言集团如"说粤语的人群""老乡会""华文组织"等不一而足。第二层意思是指共有知识并非静止不变的,而是处于一种动态协调状态中的。就小集团而言,某一次会话所带来的新信息无疑会成为集体成员新的共有知识,是产生新的共同凸显的基础。就言语社团而言,词义的变迁就很好地说明了这个现象,如汉语"下海"从渔夫"出海捕鱼"演变为众所周知的"放弃铁饭碗从商"的意义,后来由于市场经济的发展而渐渐失去了原有的活力。同时我们认为,对于渔民来说"出海捕鱼"仍然是他们的凸显义。一般说来,范围越小、关系越密切的集体成员之间所具有的共有知识越多,共同凸显也就越容易,因而话语合作也就更流畅、更成功。因此,广义上我们认为共同凸显有两个内涵:一是 Giora 提出的"凸显度"当中词汇凸显义的社会认可度;另一个是不同语言集体对于同一个事物在概念上的差异。如上所述,"凸显度"对于个体和集体是有差异的,因此共同凸显的凸显义并不完全等同于自我凸显中的凸显义。此外,凸显机制对于合作与自我中心对立统一关系诠释的另一个方面是"语境平行处理机制"对于凸显义的协调。

由此可见,所谓的自我经验和共同经验都是对具体交际场合中的具体交际对象而言的,并且两者处于一种对立统一的关系之中。因此,源于经验基础上的自我凸显与共同凸显之间也就有了动态性,进而言语交际中的合作和自我中心也就有了对立统一性。凸显机制不但对合作与自我中心从思维本质上作了统一解释,而且对它们之间的辩证互动关系也给予了合理解答。

二、话语交际是一个互动调整的过程

毫无疑问,言语交际是一个集体性行为,其中交际主体必须在内容上和过程中不断地进行互动和调整。汪少华用一个正常人的走路来比喻交际过程:当你从走廊的一头顺利地走到另一头,这其中似乎没有什么如同火箭科学家关注的"中间纠正过程",但是在人体运动学看来,走路其实也是一个不断协调挫折的过程。在行走的过程中,我们经常会遇到几乎摔倒的情况,这时候你身体的运动肌肉会通过改变原来的复杂的工作过程而防止你摔倒，但同时这样又会引发下一步的危险，此时你就需要再次调整，直到你重新获得平衡为止。在此过程当中，你必须不断地根据你的运动感觉和视觉反馈来调整你的运动肌肉，而不是程序式的一成不变地进行下去。在某种程度上说，话语交际就如同走路一样，复杂的交际情景因素、交际意图的理解和共有知识、视角、信念的估计都随时可能对话语交际过程产生影响。这样，话语交际过程就需要交际主体不断进行调整，而在此过程中交际者必须不断追踪与背景知识有关的信息并关注交际对象其他的具体特征。

我们用凸显机制不但解释了具有"自我中心"思维本质的语言使用者在实际的言语交际中往往又显得那样"合作"的原因，也对交际中的合作和自我中心的统一性和互动性做出了解读。问题是，既然共同凸显机制保障话语合作的成功，为什么我们还要如此慎重地考虑"调整"问题呢？从另一个角度来看，类似的问题是，既然调整如此重要，交际理论是否只研究调整问题就可以了呢？这是一个问题的两个方面，或者说是同一个现象的两个视角。如同传统语言学理论被认为是一种描述和规定性科学，而认知科学被认为是一种解释性科学一样，语用学提倡的合作原则在本质上是对言语交际的一种描述和规定，而心理语言学则更多的是通过实验从思维和心理本质来解释语言现象。当前的语言学理论都趋向将这两种视角和研究手段结合起来，所采用的 SCA 就是这样一种视角，其跨学科性和多维模式给语言研究提供了系统的和全面的研究思路。基于此，探讨凸显机制对话语合作的解释主要是结合社会和认知两个层面进行的，并且是从第三方即分析者的角度来看的，关注的焦点主要是社会文化认知和思维模式等，也可以说是采用一种相对动态的、共时的方法来分析话语合作的成因。从意识的层面来看，凸显机制所关注的主要是交际者无意识运作机制，即思维对于文化模式或交际模式的一种自动的、缺省的反馈过程。对于即时的、具体的交际过程而言，如同 keysar 提出的那样，"在交际的初始阶段自我中心思维起到一种决定性的作用"，我们认为无意识层面的思维活动起到的是一种基础性的、背景式的作用。而在交际的后阶段，交际者的意识监控显然起到了决定性的作用，这也是在言语交际中话语层面的自我中心表象并不多见而话语合作显得是那么"合作"的原因之一。虽然源于自我中心思维的自我中心言语表象是不可完全避免的，但从交际的总目标"合作"的角度来看，自我中心的交际行为表象总是有碍于话语合作的顺利实现的,因而也是要尽量避免的。从这个方面来讲,交际中的有意识状态的调整就显得十分必要。

无意识的、自我中心式的思维一方面通过自动运行固定模式保障话语合作的基本实现,另一方面又从反面引发了自我中心的言语行为表象。对于后者的抑制也就成为交际主体有意识监控的一个主要任务,这也是话语交际需要不断互动调整的主要原因。对于话语的生产者来说,词汇和句型的选择有一个自我中心的思维过程,即说话者总是自我中心式地习惯于采用对自己来说熟悉的、使用频率高的词汇和句型来表达,但在某些特殊的场合,比如婚礼讲话、获奖感言等等需要自我监控程度很高的场合,熟悉的词汇概念和句法结构同样会在说话者的脑海中凸显,虽然最终的话语也许并不是他们所熟悉的或擅长的。我们注意到,有时候我们身边的朋友突然不说"人话"了,如故意打起官腔,或突然咬文嚼字,甚至说洋话。当然可以说这是交际者的交际意图在起作用,但我们认为交际意图也是受意识监控的一部分。同样的情况也发生在话语理解过程当中,由于语言形式和概念并不是一一对等的关系,因此说话者发出的话语在听话者那里并不能马上形成完全对等的概念。

在交际过程中存在着大量的由于自我凸显太强烈而造成"口误"或者"失误"的例子,所形成的尴尬局面是不言而喻的,这时聪明的交际者往往能"灵机一动"将失误化解于无形,甚至出现另外的意想不到的效果。举例来说,一位高一语文老师在对《如何看待金钱》一文作总结时将名言"黑夜给了我一双黑色的眼睛,我却用它来寻找光明"说成了"黑夜给了我一双明亮的眼睛,我却用它来寻找光明",面对全班的哄堂大笑,老师机智地说"这是伟人说的话,看来我成不了伟人呀!"老师机智的自嘲得到了全班热烈的掌声。当然,这种调整往往是意识到"错误"后进行的调整,但很多幽默的语言往往是交际者"预谋"的,他们巧妙地利用亚凸显义来取代凸显义,从而引发听话者新的联想,达到出奇的效果。

言语交际需要不断调整,其另外一个原因是交际本身的复杂性。在交际过程中,意图与注意、自我经验与共有知识、凸显与关联都形成了一种博弈关系,这样交际者不但要随时监控,而且要在此基础上不断调整,不仅包括交际主体的自我调整,也包括认知和交际策略的调整。总之,基于 SCA 的言语交际观不但关注思维运行的本质特征,也注重现时社会交际中的相关的其他因素,从而系统地、全面地看待言语交际过程。

第四节　说—听言语交际研究模式

一、基于听话者视角的传统语用学理论

(一)格赖斯理论

格赖斯提出,话语理解可以分成"所说的"和"所隐含"的两个部分。作为现代语用学鼻祖、哲学家,格赖斯深受当时普遍认同的真值条件语义学的影响。我们注意到格赖斯赋予说话者的是真值条件语义部分,即他认为这部分是对任何会话者来说都是为真的,而剩下部分,隐含义,则是听话者所需要通过语用推理才能恢复的。从这个角度说,格赖斯的"会话含义(合作)理论"对于推翻传统的"语码"交际理论,建立新语用学体系起了重大的作用。同时,我们并不否认合作原则关注说话者意义,如 Saul 指出"格赖斯是强调说话者的意义的,其理论的特点之一就是要将隐含义作为说话者意义的一部分"。但值得注意的是,格赖斯理论中听话者对话语的推导是建立在说话者所提供的字面意义上的,这种字面意义远远不能代表说话者的话语意义。这一点在后格赖斯理论体系中得到了充分关注,如 RT 提出的"explicature"就更多地考虑了说话者的语境因素和主观因素。另一方面,说话者的意思,一般指会话含义,是基于听话者的推导之上的。我们也不否认这种推导机制,但听话者的自我因素必然会导致自我中心表象的出现,也就是说合作原则是以理想交际者为模型的情况,没有充分考虑个体差异性。这也是认知派攻击合作原则的焦点所在。如语用观所认为的"错误",在 SCA 看来其实也是言语交际的有机组成部分,是人类思维的自我中心特性的表征。基于此,虽然格赖斯宣称"关注说话者意义",本书认为它仍然是从听话者的视角来考虑的,因为从听话者视角并不能完全推导说话者意义,另外仅仅从"所说的"这种真值性的字面意义来规范说话者意义的推导也是不现实的。虽然合作原则启用了"共有知识"作为保障性工具,但如前所述,共有知识本身具有偶发性和临时构建性,因此单单依靠听话者的推导,未必每次都很成功。

Grice 在论述意义时说"一个说话者 S 通过 X 来意味着什么事情,就等于是说,说话人 S 意图让话语 X 在一个听者身上产生某种效果,途径是让听

话人意识到这一意图"。这种关于意义的理论实际上也是一种交际理论,其中关键的两点是"意图"和"对意图的认识"。可见,说话者的意图在格赖斯理论中起着十分重要的作用,但我们认为这些考虑是基于话语理解而不是话语产出,也就是说是一种以听话者为导向的解释。显然,格赖斯对于说话者语用因素的排除将会导致听话者对于说话者意图更多的误解,因为单凭字面意思而不考虑说话者语用因素是很难推断其真正意图的。

（二）新格赖斯理论

Horn、Levinson 和 Atlas 等新格赖斯主义代表人物主要还是继承了格赖斯的思想和原则。这里面具有代表性的有 Horn 的二原则,即 Q 原则和 R 原则;Levinson 的三原则,即 Q 原则、I 原则和 M 原则。新格赖斯理论为了使格赖斯的原则更加经济、简单和更具有认知的创造性,他们在不同程度上对格赖斯的原则进行了改造,这些改造总体上体现了一种还原主义的色彩。新、旧格赖斯理论相比较,其主要区别在于新格赖斯派发现格赖斯对于"所说的"的定义太狭隘,在实际应用过程中产生很多问题。因此,Grice 对于语用和语义一刀切式的分割观点受到了批判,而语义的不确定性形成了一个共识。总体来说,新格赖斯理论允许在格赖斯意义上"所说的"部分追加一些语用因素,同时宣称他们所关注的同样也是说话者的意思。尽管如此,新格赖斯理论所主张的话语理解过程并没有真正关注听话者自我中心的一面,因为诸如意图和共有知识这些因素具有个体性。

（三）后格赖斯理论

后格赖斯理论体系中的关联理论,在当今众多的主流语用学理论中被公认为是以研究话语理解过程为导向的理论。RT 宣称语用学的本质任务就是要解释"听话者是如何理解说话者所意图的语境的"。同时,RT 的缺点也十分明显。Bach 提出"听话者的视角无疑会导致对于说话者意图的中心地位的认识不足以及意图识别和理解的偏误。"同样,Saul 也认为:"这两种理论的主要区别在于他们所设计的'谁的意义',新格赖斯理论遵循了格赖斯的视角,关注的是话语的意义,包括隐含义,追求的是说话者的意义;而关联理论关注的是从听话者怎样重建说话者交际意图的角度来考察交际过程的。"上面已经讨论了格赖斯理论实质上是基于听话者视角的,因此可以说传统主流语用学理论都是以话语理解或听话者为导向来设计的。其二分法,如"what is said/what is implicated","explicature /implicature",或三分法,如"what is said /impliciture /implicature 等都体现出从话语理解角度考察交际过程的主旨,根本原因在于格赖斯理论体系是基于理想交际模式的。

二、话语输出

(一)说话者主导输出

在格赖斯理论体系中很少有关于说话者责任的论述,其中关联理论有少许探讨,体现在对"explicature"的性质的描述上。我们认为,说话者责任不仅包括 RT 所描述的内容,也包括在话语输出过程中说话者的自我因素,即说话者不仅提供共有知识,同时也提供一些个体独有的甚至是自我中心性信息。

传统语用学理论大多关注听话者如何认知和恢复说话者意义的过程而较少关注话语的生产过程,这是因为人们一般将听话者的责任当成是话语交流的唯一责任,一次成功的会话关键在于听话者是否能够推断说话者所意图表达的意思。就格赖斯来说,所说的或所隐含的之分就意味着一种责任分割:对于说话者而言,他们的责任就是向听话者提供蕴含着真值条件语义的语言形式;对于听话者而言,其责任就是识别该语言形式并在此基础上对于不符合常理的部分根据语境进行语用推理,直到推断出说话者所意图的意义为止。新格赖斯理论注意到了这种"一刀切"划分的弊端,因为说话者所提供的远远不会只是一个含有真值条件语义的语言形式,还包括说话者的态度、情绪、意图等语用因素。基于此,新格赖斯理论扩大了"所说的"部分的内涵,相应缩小了"所隐含的"部分的范畴,但是"说话者的责任"这个本质没有改变。关联理论则是被公认的一种考察话语理解过程的理论,虽然其"外显义"的范畴的确涉及了很多说话者因素,但其宗旨是为听话者理解服务的,即从听话者的角度来推理说话者提供的包含语义真值和其他语境因素在内的命题意义。显然,听话者所推断的或恢复的命题并不完全等同于说话者所表达的命题意义,因为说话者不但表达公共知识部分同时也表达个人知识部分,前者是可以推断并恢复的,而后者是很难或者不能推断和恢复的。从这一点来看,关联理论所主张的是典型听话者责任。

"话语输出"概念旨在同时考虑说话者在特定语境下所提供的共同背景和自我知识。要想话语输出毫无歧义是很不现实的,语言形式本身就充满歧义,而且其他可能导致歧义的因素也不计其数。人们都希望尽可能减少歧义,追求交际效果。但尽善尽美是不可能的,诚如 Ferreira et al 所言,"做到足够就好"。实际上,说话者也有很多方法可以尽可能地减少歧义,从而使话语达到听话者可以理解的程度。值得注意的是,认知派通过研究证明,说话者采用消歧的方式并不是试图要显得"合作",而是出于自己的利益——记忆的可及性,甚至说话者对自己所说的话"感到有歧义"比他人更敏感。Kraljic 和 Brennan 的研究也表明,说话者采用修辞韵律手段来消歧并不是出于听话者考虑而是出于自己的需要。众所周知,合作原则要求说话者提供适量信息,如当单位同事问我住在哪里的时候,我不会单单只是说"我住在杭州",因为这样的回答是不够信息量的。Engelhardt 等人的研究表明说话者确实是趋向避免信息不足的,但同时他们也发现说话者也系统地犯错误,即趋向于提供过量的信息。信息的可及性是决定我们大脑思维怎样工作的一个重要因素,决定说话者言语信息内容的并不是他们认为或相信听话者对该信息的可及性,而是他们自己对于该信息的可及程度。如在医院门诊时医生趋向于使用专业术语,这并不完全是因为患者提到了有关病情的专业性话题,而是因为这些专业术语对于医生来说更熟悉。Bromme 和 Becker 发现,即使当患者的提问并不具有专业性时,医生的回答也依然趋向于采用专业词汇。当然说话者也会认真考虑听话者的思维状态,如要求说话者解释图片的时候,我们发现他们更多地考虑共有知识而不是自我知识。然而,一旦说话者出于某种压力要求快速交流的时候,他们则更多地依靠自我知识。

另外,说话者也趋向于高估他们的话语效果,体现为系统性偏见,认为他们的话语是被听话者理解的。为什么说话者会高估他们的效率呢?其原因是,发话者知道自己的意图,知道要表达的东西,也知道怎样表达,但是这只是相对于他们自身而不是听话者而言的。举例而言,在一种哼曲调让听话者猜歌曲的游戏中,歌唱者往往高估自己的效率。根据合作原则,体现合作的一种方式就是,说话者积极考虑听话者的思维状态以期能使他们的交际适应对方,因此说话者会评估他们所知道的和听者所知道的。实际上,说话者很少会考虑对方真正知道什么,他们会利用一种更粗劣的方式,也就是他们共同知道的东西。然而,有时候在和一个共有知识较多的对象交流新信息时反而比和共有知识少的对象所产生的误解更多,因为共有知识的增多会导致交际双方期待更好和更多的信息交流。同时,高估会导致说话者省略部分对于听话者并不知道的必要知识,从而导致误解。

一方面,说话者的思维在本质上是自我中心性的,为了保障交际的顺利进行他们会进行监控并纠错,但一旦受到某种干扰,他们又会重新滞留在他们原来的思维状态。另一方面,"合作原则"仍然在发挥着作用,至少交际者是遵守合作总则的,即有一个共同的目标和方向,否则交谈就只能陷入寂静。基于此,我们认为说话者不会像格赖斯所希望的那样,是完全遵守合作原则及其准则的,但也不会像 Keysar 所偏重的,即说话者是高度自我中心的。具体对于"输出"而言,我们强调说话者的责任,且自我中心思维过程也具有主观监控和调整机制。

(二)输出内容的共同性与自我性

在格赖斯关于说话者意义的分割中,"所说的"只是一个包含真值条件语义部分,其余凡是要涉及语用推理的部分都归属于"所隐含的"。这种分割无疑是受到了当时逻辑学关于真值语义的影响,因为逻辑学有很强的精确性和预测性。这种理想式的模式很快受到了语境主义者的批判,因为显然说话者所提供的不仅仅是一个句子或是一个话语,这其中还包含说话者的主观态度、情感和语境因素等。在后格赖斯和关联理论那里,"所说的"部分被发展成为一个包含真值语义和其他语用成分在内的命题形式。关联理论当中的 explicature 无疑是所有语用学理论中关于命题形式论证最为充分的。Sperber 和 Wilson 认为 explicature 是语言编码和语境推理结合的产物,语境因素作用越小则其外显性越强,反之亦然。对于 explicature 的内涵作了更详细论述的是 Carston,他认为 explicature 是一个由语用贡献所组成的命题,并且与 Baeh 不同的是,他认为语用涉及的是"所说的"部分,与 Levinson 不同的是,他认为从真值语义经过语用推理所发展起来的是 explicature 而不是 implicature。显然,这里的语用推理指的是一种自动的、缺省的推理,是区别于需要特殊语境的推理。由于关联理论是以听话者为导向的,所以 explicature 当中的语用推理可以理解为:听话者基于说话者提供的语句进行自动和缺省的语用丰富过程,其他需要进一步语用推理的部分则归属于 implicature。

作为从说话者角度考察的"话语输出"与后格赖斯理论一致的地方在于,它是作为一个命题形式提出来的,而且是一个"全命题"。我们认为,"话语输出"的内容不仅包括缺省推理的语义部分,也包括说话者的意图、态度和情感等。从命题角度,"话语输出"和 Jazczcolt 提出的"组合表征"具有相似"组合表征"包括四个方面,即词汇意义和句子结构(WS)、语用推理(CPI)、认知缺省推理(CD)以及社会文化缺省推理(SCD)。与 Jaszczolt 不同的是"话语输出"的命题内容不仅包含自动和缺省推理部分,也包括说话者自我中心性部分,这是以往没有探讨过的。

无疑,话语输出内容也包括共同部分和自我部分。共有知识在交际当中起到一种促进双方理解的作用,很难想象持两种不同语言或者两种完全不同文化之间的人们能够交流什么。当然共有知识也是相对的和动态的,与同一个语言社团的人们交流,其共有部分就会很大;在朋友、家人或夫妻之间则共有部分会更大,反之亦然。

三、话语摄入

（一）摄入是意义恢复和自我中心化过程

"话语摄入"是一个说话者意义恢复的过程,这与传统语用学理论对话语理解的描述一样,不同的是,除此之外我们认为"摄入"还是一个意义"内化"或者"自我中心化"过程。

话语理解就是一个意义恢复的过程,然而对过程的划分还是有争议的,焦点在于将"所说的"看成句子还是"话语"。格赖斯持前一种观点,并导致对于话语理解的真值条件语义或语用完善之分;后格赖斯理论持后一种观点,认为"所说的"是一个语用化了的命题,从而导致命题或隐含义划分。另外,关联理论当中的"外显义"无疑是一个高度语用化了的命题,其中渗透了很多说话者因素。对"所说的"部分不断的语用侵入导致了当今语用学界对语义和语用边界的激烈探讨,我们形象地称之为"拉锯战"。

就"话语摄入"而言,我们偏向关联理论的分割方法,即认为有一个基本的缺省式的推理过程和一个需要特别语境的附加推理过程,不同的是这里采用凸显机制作为分割理据。话语摄入是一个自我中心化过程,意味着言语交际并不是简单的编码和解码过程,而是一个根据个人先前经历或知识来诠释话语意义的过程,即话语在诠释过程中必然会打上听话者的自我烙印,并不完全等同于说话者意图的意义。其中,语言形式无疑是基点,而受话者在解构语言形式过程中其自我知识必然会参与到"意义恢复"中来,其结果必然会打上"自我"烙印,即"自我中心化"。

Kecskes 认为:"在会话过程当中作为个人语境的标记的词汇单位所体现的过程是不一样的,在说话者那里是一个'概念—标记等级模式'而在听话者那里是一个'标记—概念等级模式'。"因此对"话语摄入"来说,词汇标记引发的是听话者个人知识和经历的等级模式,而不是说话者产生该词汇标记等级模式,也就是说从表面看来词汇对交际双方是一样的,但其所蕴含的个人语境是不一样的,因为个体在社会生活经历中赋予了某个特定词汇特定的诠释,而这种个体差异性无疑会导致对话语的误解。

(二)摄入是等级凸显推理过程

当今语用学理论都认同话语理解是一个推理过程,分歧只是在于对推理步骤的划分。这里主张的"话语摄入"同样也包含一个推理过程,不同的是其推理机制是"等级凸显"。上面我们已经讨论了"摄入"是一个自我中心化的过程,这里我们进一步提出其运行机制是"等级凸显",并以此作为传统推理体系的一个补充。

推理是语用学的核心概念之一。一般说来,传统语用学有三种推理方式,即演绎推理、合成推理和会话推理。在语用学中"合成推理"还没有引起人们的足够重视,这是因为一方面该推理方式涉及太多的心理学内容;另外一方面语用学家还没有很好地意识到该推理在话语理解中的作用,"合成推理"存在于潜意识的语言处理中,主要是通过对解码得到的语义表征进行补充,即补充语言表征中没有但却是推理所必需的知识。凸显推理在很大程度上与合成推理是相似的,突出的一点是两者都强调推理过程的无意识状态,并且都是基于语言形式解码的大脑思维的直接的反应过程。我们认为,合成推理其实也是本书所归纳的缺省推理和前提推理。凸显机制和缺省机制的关系,主要有两点:一是凸显推理具有等级性;二是凸显推理支持自我中心观。

话语理解的等级推理是建立在听话者对话语理解所付出的努力程度上的。总而言之,格赖斯的等级模式是识别真值条件语义的语言形式(所说的)和语用推理(所隐含的)的划分,即识别和推理之分。前者是涉及语言形式层面的识别和最基本的推理,而后者则涉及语境。新格赖斯理论将第一层面的推理进行了扩张并使其包括了部分基本的语用因素;而关联理论则将大量的说话者因素归入第一层面推理,即"外显义"的推断。其他需要特殊语境的推理则属于第二层面,即"隐含义"的获取。除了上面提到的两个层面的推理设想外,其他的学者甚至提出了"三步推理"模式,即在格赖斯两个层面之间插入一个中间层面。Bach 将该中间层面称之为 impliciture,这是一个除了真值条件语义的语言形式和需要特殊语境的"隐含义"之外的自动和缺省性语用推理步骤。主张这种划分的还有 Levinson 提出的"先设意义"推导，即"一种由于人们对于某种场景或者世界知识反复使用并通过人类一般性推理机制而产生的先设性、缺省性的推理结果"。对于缺省推理关注较多的是 Jaczcolt，他在《缺省语义》一书中将缺省推理定义为"一种较少心理负担的，更加经常的、凸显的并通过潜意识而形成的捷径式推理，这种意义诠释通常是独立于语境的，但是能作为最小语境下的意义解释。"

以上推理模式的一个共同点是：第一层面的推理都是基于最小语境的、自动的、缺省的和潜意识的推理，是基于格赖斯意义上的真值条件语义上通过必要的语用侵入而形成命题的过程。该过程对于"话语摄入"的"等级凸显"而言也是适应的。书内多次提到的"自动""缺省"等概念其实也是"凸显"这一概念的基本特征。值得注意的是，凸显机制是人大脑的一种工作机制，由语言形式所触发的概念凸显是以一种自动的、缺省的方式进行的。从这个角度来说，似乎不应该将凸显视为推理机制。但另一方面，不同等级的词汇和话语意义的凸显无疑是人们在有意识状态下结合语境等因素选择适合意义的前提和基础，从这个角度来讲，凸显又是推理过程的一个有机组成部分。再者，学界所达成共识的推理过程本身就包括诸如"缺省推理""前提意义推理""预设推理"等很多体现为无意识思维状态的推理，因此把凸显机制也视为一种推理机制。

这里将传统语用学的"二分"和"三分"以及认知心理学派的自我中心和凸显结合到"等级凸显"中来，一方面克服了语用学只关注基本推理而忽略自我中心现象的缺陷，另一方面也将自我中心现象纳入到统一解释中来。周红辉提出："当听话者接触说话者所提供的话语的时候，大脑会自动地、无意识地对于话语的语言形式做出基本的缺省推理，这一步是在最小的语境下完成的，也就是说并不需要特殊的语境，同时由于频率和使用习惯等原因，这种凸显大都是无意识的。"

参 考 文 献

[1] 夏征农,陈至立. 辞海(第六版)[Z].上海:上海辞书出版社,2010.

[2] 吴亚欣,于国栋. 话语联系语的元语用分析[J].外语教学,2003(4):16-19.

[3] 吴业军,王晓霞. 英语类指句研究[J].北京理工大学学报(社会科学版),2003 增刊 11-13.

[4] 向明友. 试论话语前提分析[J].外国语.1993(4):34-38.

[5] 文旭. 极性程度副词"极"的主观化[J].外语研究,2008(5):9-13.

[6] 吴炳章. 指类句的指类功能实现机制探讨[J].外语教学与研究,2010(2):92-96.

[7] 王振华,杂文作者的介入[J].暨南大学华文学院学报,2002(1):58-64

[8] 蓝纯. 认知语言学:背景与现状[J].外语研究,2001(3):14-20.

[9] 刘辰诞. 殊途同归,相得益彰[J].中国外语,2008(5):28-34.

[10] 文旭. 语义、认知与识解[J].外语学刊,2007(6):35-39.

[11] 宁春岩. 关于意义内在论[J].外语教学与研究,2000(4):241-245.

[12] 沈家煊. 认知语法的概括性[J].外语教学与研究,2000(1):29-33.

[13] 王寅. 认知语言学探索[M].重庆:重庆出版社,2005.

[14] 王寅. 认知语法概论[M].上海:上海外语教育出版社,2006.

[15] 熊学亮. 认知语用学[M].上海:上海外语教育出版社,1999.

[16] 周红辉. 合作与自我中心:言语交际的社会——认知语用研究[M].长沙:中南大学出版社,2014.

[17] 裴文斌,戴卫平. 语言学——语言·语法·语义[M].北京:科学出版社,2012.

［18］戴卫平,裴文斌.英汉文化词语研究［M］.北京:科学出版社,2008.

［19］［意］巴拉.认知语用学:交际的心智过程［M］.范振强,邱辉译,杭州:浙江大学出版社,2013.

［20］戴卫平,袁晓红.美语词汇与美利坚文化研究［M］.长春:吉林大学出版社,2010.

［21］曾文雄.语用学的多维研究［M］.杭州:浙江大学出版社,2009.

［22］魏在江.语用预设的认知语用研究［M］.上海:上海外语教育出版社,2014.

［23］戴卫平,张学忠,高鹏.英语说文解词［M］.大连:大连理工大学出版社,2003.

［24］张立新.隐喻认知语用研究［M］.广州:世界图书出版广东有限公司,2014.

［25］张文英,戴卫平.词汇·翻译·文化［［M］.长春:吉林大学出版社,2011.

［26］文卫平,方立.语义动态研究［M］.北京:中国社会科学出版社,2008.

［27］李然,戴卫平.语言与认知·语用实验研究［M］.广州:世界图书出版广东有限公司,2015.

［28］吴平.英汉修辞比较［M］.合肥:安徽教育出版社,2001.